Nouvelles d'Éco
Saison 6 – 2018

Jean-Paul BETBEZE

DEDICACE

Ce livre est la Saison 6 des « Nouvelles d'Eco ». Comme les précédents, il est dédié à Joselyne, qui partage depuis le début l'aventure de Betbeze Conseil (et sans qui elle n'aurait pas commencé), à Georges-Henri, qui assure la mise en valeur des textes et le fonctionnement du site et à Paul-Hadrien, en charge de l'informatique et du visuel, tous participant à la recherche d'idées pour avancer et changer – constamment.

TABLE DES MATIÈRES

2018 : L'ANNÉE OÙ LA POLITIQUE A PRIS LE POUVOIR

L'économie ne sait pas tout, ni ne peut tout. Mais au moins elle veut donner aux ménages, aux entrepreneurs, aux leaders politiques et d'opinion un objectif commun : plus d'emploi, de revenu, d'activité, donc plus de croissance, avec à la clef plus de satisfaction et, pourquoi pas, de bonheur. Bien sûr, si « tout le monde veut plus de croissance », la chose ne va pas de soi, faute de terre ou d'eau ici, de matières premières ou de terres rares là, de main d'œuvre, d'idées, de capitaux ailleurs… La terre, les hommes, les savoirs ne suffisent pas nécessairement, face à une population en croissance, avec des besoins qui ne cessent de se développer et de se complexifier. Mais, au moins, ces objectifs et cette concurrence sur un but commun permettent un langage lui aussi commun, quoiqu'il n'est pas simple. Nous ne sommes donc pas surpris par cette course entre le désir, le besoin et le possible : c'est la définition même de l'économie, et d'une bonne part de la vie sociale.

En revanche, nous vivons ces derniers mois un profond changement des règles qui ont fait notre croissance d'après-guerre. Les conflits se développent. Surtout, la concurrence se fait plus vive entre pays, notamment entre États-Unis et Chine. Partout la coopération diminue, les antagonismes apparaissent, sans masque. Les conflits dans les tailles des PIB, dans les avancées technologiques, les normes et propriétés intellectuelles sont omniprésents. Ils inquiètent les entrepreneurs, les salariés – et donc les marchés boursiers et la croissance future. Le G 7 n'est plus ce qu'il était, le G 20 est en question.

2018 a vu le basculement de notre monde, de la coopération au conflit. Ce fut l'année politique par excellence, non plus économique et financière. Les chefs de régimes forts se veulent plus forts encore, et le proclament : Chine, Russie, Turquie, Iran… Les chefs de régimes démocratiques sont affaiblis : Allemagne, Royaume-Uni, France. Donald Trump, dans ce contexte, tente de durcir son influence interne et externe, ce qui augmente les risques géopolitiques mondiaux. Il défie la Chine dans sa stratégie d'avancée autrefois marquée d'un silence dont elle sort aujourd'hui de plus en plus. Il inquiète ses alliés, qui se demandent s'il les protègera. Et que faire eux-mêmes pour prévenir les risques classiques et faire face aux *fake news* ? Donald Trump secoue le monde, et pourquoi ? Ou a-t-il été instrumentalisé pour le faire ? Par ces temps où le vrai s'estompe devant le *fake* et la logique derrière le complot, nous verrons bien (ou mal) un jour.

Etrange année 2018 qui s'achève donc, où les économistes font leur possible, pour essayer de comprendre, d'avancer et d'apaiser. Mais sans avoir, jusqu'à présent, de preuve de leur succès. Chacun tire autant que possible sur la corde de ses propres négociations, sans souci des autres, jusqu'à ce que le suivant cède, au risque que tous tombent.

Meilleure année 2019, donc !

1. QUELLE BONNE ANNÉE : 1789, 1969, 1929 ?

2019 : c'est le choix de l'embarras. *A priori*, l'avenir est gris foncé partout, avec du jaune venant de France. Nous assistons au combat entre États-Unis et Chine, pour faire baisser les taxes à l'importation en Chine et y surveiller les droits américains de propriété, faire circuler les bateaux US en mer de Chine, mais bloquer les « routes de la soie » chinoises en Afrique. Derrière ces poids lourds, il y a les tensions autour de la Russie, de l'Iran, d'Israël, de l'Arabie saoudite, de la Turquie... Partout les ramifications des chocs se font ressentir, ravivant d'antiques blessures. Le Brexit fait renaître des inquiétudes en Irlande, des demandes d'autonomie en Ecosse et des revendications espagnoles sur Gibraltar. Aujourd'hui, difficile de trouver un pays ou une région paisible !

1789 vient à l'esprit avec les « gilets jaunes », complément au sans culotte en bonnet phrygien. Il faut que les riches payent et oublier la dette publique. Qu'importe si le monde est dangereux et que nous y sommes petits, alors qu'il nous faut financer notre administration, notre police et notre armée.

Oublions et faisons revenir l'ISF : c'est sans danger. En 2012, sur les 290 085 Français qui l'ont payé, seuls 587 sont partis avant, 525 en 2011 et 551 en 2010, selon le rapport du député (PS) Yann Galut de 2014. L'ISF moyen de 568 des 587 partis en 2012 était alors de 70 000 euros, contre 15 500 euros pour les personnes redevables, soit 4,5 fois plus. Selon ce rapport, « l'évolution d'une année sur l'autre n'est pas statistiquement significative » (humour ?). En 2013, « Solidaires finances publiques » note que la France « demeure un territoire attractif », étant « le troisième pays au monde en termes de nombre de millionnaires ». Mais, en 2018, la France est seulement sixième. La source est Crédit Suisse, octobre 2018. L'étude nous dit que plus de 2 147 000 Français sont millionnaires en dollars (en incluant la valeur de leur logement), soit à peine moins que les 2 183 000 millionnaires allemands. Mais il faut supposer que ceci est sérieux, car le Brésil n'aurait ainsi « que » 154 000 millionnaires, pour 44 milliardaires, contre 39 pour la France (Source Forbes) ! Bref, il reste encore des millionnaires en France : tous ne sont pas allés au Brésil ! Dansons la Carmagnole !

1969 : c'est le lendemain de fête, après un hausse de 35 % du SMIG (G pour garanti) et de 55 % du SMAG (A pour agricole) qui se rejoignent et donnent naissance au SMIC. Mais c'est surtout la série des ajustements de parité : dévaluation de 11,1 % le 9 août 1969 (avec Georges Pompidou et Jacques Chaban-Delmas) tandis que le Mark allemand est assez aimable pour se réévaluer de 9,3 % le 24 octobre. Le Franc a perdu 20 %, et ceci ne suffira pas… pour faire repartir l'économie. Vient alors le programme de « relance par la consommation » de François Mitterrand, remake de 68. Il mène à trois dévaluations : 4 octobre 1981 pour 3 %, 12 juin 1982 pour 5,75 %, avec plan de rigueur assorti, et 21 mars 1983 une réévaluation de 4,25 % du Mark. Moralité : quand on augmente les salaires minimaux, il faut dévaluer et/ou faire des gains de compétitivité. Avec l'euro, dévaluer le Franc étant impossible, il faut demander à Mario Draghi de ne pas monter ses taux, pour que le dollar monte, remercier l'Espagne de faire passer son SMIC de 858 à 1050 euros, et surtout prier Angela de monter le sien. A 1498 euros, il est au niveau français, avant les 100 euros ! Demandons l'impossible !

1929 : bien sûr. Le 18 mars 1929, à l'Economic Club de New York, William Harding, ancien Président de la Fed, avertit du risque de spéculation sur les marchés. Il se voit rétorquer que les banques sont « si bien gérées… qu'elles ne devaient pas être exposées à des avertissements publics ». Il fallut attendre le 29 octobre 1929. On a donc oublié la crise née en juillet 2007, dont on peine à sortir, avec plus de dette maintenant qu'il y dix ans ! Et pourtant, nous entendons les mêmes cris de Cassandre face aux assurances des régulateurs et contrôleurs sur la solidité des systèmes financiers. Et nous voyons la peur des marchés. Mais le Président des États-Unis pousse chez lui la croissance, réduit les régulations bancaires, augmente son déficit et agonise le Président de la banque centrale qui monte les taux (le traitre !) : il veut faire beaucoup ralentir la Chine, sachant qu'elle est très endettée. Ça c'est nouveau !

2019 : l'histoire n'apprend donc rien. Bonne année pour l'écrire !

30 décembre 2018

2. POUR UN BON NOËL : « TU NE DÉSIRERAS RIEN DE CE QUI EST À TON PROCHAIN »

Par ces temps de Noël, rien de mieux, pour être heureux, que cet ordre divin – pour certains, ou ce sage conseil – pour tous. Revenons au vieux message qui veut apporter la paix en chacun de nous, pour l'apporter entre nous. C'est le dixième commandement pour l'Eglise catholique. Dans la bible et son Livre de l'Exode, c'est le vingtième. Toujours dernier, mais plus détaillé : « Tu ne convoiteras point la maison de ton prochain ; tu ne convoiteras point la femme de ton prochain, ni son serviteur, ni sa servante, ni son bœuf, ni son âne, ni aucune chose qui appartienne à ton prochain ».

Ne pas convoiter la maison du prochain ? C'est donc là que Marx a trouvé son inspiration pour Travail salarié et capital ! « Qu'une maison soit grande ou petite, tant que les maisons d'alentour ont la même taille, elle satisfait à tout ce que, socialement, on demande à un lieu d'habitation. Mais qu'un palais vienne s'élever à côté d'elle, et voilà que la petite maison se recroqueville pour n'être plus qu'une hutte. » Et il ajoute : « bien que les jouissances du travailleur aient augmenté, la satisfaction sociale qu'elles procurent a diminué à mesure que s'accroissent les jouissances du capitaliste, qui sont inaccessibles au travailleur... Etant d'origine sociale, nos besoins sont relatifs par nature. »

Et voilà l'envie qui vient, celle qui « captive nos regards », comme disaient les Romains. Avance la terrible déesse Invidia, sa tête ceinte de couleuvres, son teint spectral, des serpents aux mains. Pas de surprise donc si, chez les catholiques, elle devient un des sept péchés capitaux : c'est bien le moins ! Elle incarne la tristesse devant ce qu'a l'autre, plus la volonté de l'obtenir.

Les « gilets jaunes » seraient-ils des envieux ? Il faut leur souhaiter que non ! Et nous le souhaiter aussi, en espérant que ce qui se passe n'a rien à voir avec le désir très français de réduire les inégalités par l'impôt ! La déclaration des droits de 1789 l'avait pourtant dit dans son Article 13 — « Pour l'entretien de la force publique, et pour les dépenses d'administration, une contribution commune est indispensable : elle doit être également répartie entre tous les citoyens, en raison de leurs facultés ». « En raison de leurs facultés » : celui qui gagne plus contribue plus, parce qu'il le peut, non pour réduire les écarts de revenu !

« Liberté, équité, fraternité » : quel dommage de ne pas avoir cette trilogie ! Le lien aurait été direct avec l'équité à la Rawls, la volonté de procurer à chacun l'égalité des chances, pas celle des résultats, qui dissuade de faire des efforts ! L'équité, c'est l'égalité des chances, à entretenir constamment. Elle passe par la formation permanente, avec des appuis pour compenser une situation personnelle ou sociale difficile, bref par la discrimination positive. Ce n'est pas du tout un « programme national » qui taxe de façon croissante les hauts revenus (surtout à partir de 200 000 euros par an), les patrimoines (surtout à partir d'un million) et les gros héritages, pour reprendre des propositions de Thomas Piketty !

Les quatre droits de l'homme sont « la liberté, la propriété, la sûreté, et la résistance à l'oppression ». Le risque de l'envie est catastrophique pour celui qui y tombe, car il ne peut jamais être satisfait, et pour celui qui n'y tombe pas mais qui doit le financer – jusqu'à la dissolution du lien social, avec la propriété.

Les « gilets jaunes » ne peuvent se croire sortis d'affaire avec 3 milliards d'ISF pour compenser 100 milliards de déficit budgétaire ! En revanche, Il faut comprendre l'effet de tenaille qui les a saisis depuis des années. Pris entre la stagnation de leur revenu et la montée des dépenses incompressibles (loyer, assurances, gaz, électricité et essence), ils demandent plus de salaires et moins de charges. 20 370 euros, c'est le niveau de vie médian en 2008, qu'on retrouve à 20 300 euros constants en 2015 : aucun progrès. Mais augmenter les revenus par des compléments au SMIC (financés à crédit) ou des appels à des « gestes » patronaux, ou encore abaisser les charges incompressibles (encadrement des loyers ou limitation des frais bancaires) oublie l'essentiel.

Le chômage de masse et de longue durée est l'horreur : pas un mot. Pour en sortir, la formation permanente, l'accès à l'emploi, la montée des qualifications sont les absents de la crise actuelle. Liberté, équité, fraternité, pour n'envier personne. Bon Noël !

23 décembre 2018

3. JAUNES JEUNES ET VIEUX JAUNES : POURQUOI CETTE RENCONTRE ?

Illustration : Schnäggli (CC BY-SA 3.0)

La « confluence des luttes » de Jean-Luc Mélenchon est en fait celle des générations. Les jeunes manifestent, les séniors aussi : la crise est celle du futur. Les jeunes n'arrivent pas à se projeter dans les quarante prochaines années. Les quadras ne voient pas bien les vingt qui les mèneront à la retraite, et après, quelle retraite ? Nous vivons, par les deux bouts, jeunes et « vieux », la remise en cause de la promesse d'après-guerre : la génération qui vient vivra mieux que celles qui ont précédé.

C'est l'économie, avec ses changements profonds et imprévisibles, qui explique cette rencontre de générations angoissées. Ce n'est pas l'usure du capitalisme, la déception du macronisme, la tradition française des jacqueries ou l'expression de pulsions aussi violentes que psychanalytiques. La triple rencontre d'une révolution technologique : la communication, démographique : le vieillissement de l'occident, et géopolitique : le réveil de l'Asie, chamboule nos stratégies. Stratégies technologiques : nous perdons pied dans les innovations, de la 5G à la santé, stratégies politiques : de la construction européenne au multilatéralisme, stratégies économiques donc, avec le chômage de masse, et sociales, avec la rupture du pacte social. Nous ne vieillirons pas bien, nos enfants ne vivront pas mieux.

La crise commence par ces jeunes plus mal embarqués que leurs aînés, même proches. En 2015, les 18-24 ans, 9,5% dans la population, ont un taux de pauvreté de 25%. Il passe à 14% pour les 25-29 ans, à 13% entre 30 et 39 ans, pour une moyenne française de 12,5%. Les jeunes nés entre 1986 et 1990 ont un début de carrière nettement plus plat que leurs aînés immédiats. A 26 ans, un jeune né entre 1986 et 1990 gagne à peine plus (en euros constants) qu'un jeune né dix ans plus tôt (entre 1976 et 1980), et surtout un peu moins qu'un jeune né entre 1981 et 1985, cinq ans plus tôt. C'est une rupture sans précédent.

La crise continue, des quadras aux séniors cette fois. Nés entre 1965 et 1975, ayant entre 40 et 50 ans, leur niveau de vie plafonne et va baisser. Nous n'en sommes plus aux générations 1961-1965, 1956-1960 et mieux encore 1951-1955, ces heureux quinquas et sexas ! Eux n'ont connu qu'une progression de leur niveau de vie, jusqu'à une confortable retraite. Les quadras se disent qu'ils ne vivront pas mieux que les sexas, qu'ils financent.

Et les « vingtas » ne pensent pas vivre mieux que les quadras actuels, dont ils devront aussi financer la retraite. Les moins de 25 ans au chômage dit de catégorie A (libres immédiatement à temps plein) sont au nombre de 468 000 au deuxième trimestre 2018, sur un total de 3 440 000. Leur nombre diminuait lentement sur un an (-1,5%), mais vient une remontée de 1,9% au deuxième. Le point bas du chômage des jeunes est-il de 460 000 ? Toutes catégories confondues, leur nombre remonte même à 744 000, avec 6,2% de 15-24 ans en chômage sur plus d'un an, contre 4,2% pour l'ensemble.

Les quadras et quinquas s'inquiètent aussi pour leur futur, au-delà de la stagnation de carrière qu'ils vivent. Il ne s'agit pas même ici des nouvelles technologies qui supprimeraient les emplois dits routiniers : le pire est pour bientôt, dans les grandes surfaces, les réseaux de banques, d'assurances, de ventes de vêtements et de chaussures avec Internet. En fait, la réduction des emplois peu qualifiés a commencé en France en 1970, avec la hausse du salaire minimum, récemment tempérée par la baisse des charges. Seule la montée en formation et en qualification empêchera cette polarisation de l'emploi, entre un peu plus d'emplois qualifiés et bien moins d'emplois non qualifiés. Et ceci d'autant plus que les nouvelles technologies moins chères arrivent : contre Apple, les chinois Huawei et Tencent.

Pas finie, la rencontre des nouvelles technologies, d'un SMIC plus élevé (de 100 euros) et de compétences insuffisantes ! Mais comment le dire, sans se faire traiter de réactionnaire, de victime ou propagateur d'idées libérales ? Echanger plus dans l'entreprise et entre entreprises, former mieux, notamment les jeunes en alternance, coopérer davantage au niveau local, est-ce impossible ? Jusqu'à quand la dette publique compensera-t-elle notre productivité trop faible ? Quand comprendra-t-on que c'est la productivité en hausse qui fait, seule, augmenter le salaire ? Ventre jaune n'a pas d'oreille ? Non : il faut changer – ensemble. Autrement tout se fera sans nous – contre nous.

16 décembre 2018

4. POURQUOI LES GILETS JAUNES NE SONT PAS FACILEMENT REPRÉSENTABLES

Illustration : ScareCriterion12 (CC BY-SA 4.0)

Les gilets jaunes sont partout, de la rue aux plateaux télé, mais ils ne viennent pas discuter aisément avec le pouvoir central. Refus du dialogue, crainte d'être récupérés par les politiques, ces maîtres du langage énarchique, ou bien difficulté à proposer une liste cohérente de revendications ? Un peu de tout sans doute. Mais avec un incroyable écart entre les nombreuses critiques qu'on entend et la rareté des solutions pratiques, ou plutôt avouables, qu'on nous propose. Car ces « problèmes actuels » sont, en fait, très vieux.

S'agit-il de sortir de l'euro, donc de dévaluer, avec l'inflation importée qui ira avec ? Autrement dit de faire sauter l'Union européenne, pour se rapprocher de l'Italie ? Un Franxit ? Personne n'ose s'y lancer : c'est le non-dit des extrêmes. En attendant que la situation empire ?

Ou bien s'agit-il de répudier la dette publique, ces 1 800 milliards d'euros de dette négociable, dont 850 possédés par des Français, largement en assurance vie, et 950 détenus à l'extérieur, largement dans les fonds de pension ? D'accord, mais où trouver alors les 100 milliards de déficit budgétaire annuel qui payent les fonctionnaires et leurs retraites, sans compter les déficits de la Sécurité sociale (encore), et des retraites (à l'équilibre si rien ne change en… 2037, nous verrons alors pour régler le passif cumulé). Tout ceci sachant que les ménages français sont très endettés auprès des banques (94% de leur revenu, contre 82% en Allemagne), tout comme les entreprises (73% du PIB, contre 38% en Allemagne) ? La faillite de l'État et du pays ? C'est nous qui allons payer. Passons à d'autres idées.

Alors, taxons les milliardaires. Mais ils sont ici au nombre de 39 sur les 1 500 que l'on compte au monde, selon Forbes. Pas bien nombreux ! Allons donc taxer plus les Français qui payent l'impôt sur le revenu : 43% du total en 2017 (16,3 millions imposés contre 15,6 non imposés et 6 ayant bénéficié d'une restitution – autrement dit d'un impôt négatif). Mieux, augmentons les tranches marginales les plus élevées. Occupons-nous de ces ménages qui ont déclaré des revenus supérieurs à plus de 50.000 euros : ils sont 10,2% des foyers fiscaux, mais rapportent quand même 70,4% du total. Soyons plus durs avec les « plus riches » qui déclarent plus de 100.000 euros de revenus : voilà 40,6% de l'impôt payé par 2% des foyers. Si nous allons au-dessus du million d'euros, on trouvera 6 400 foyers en 2016, pour 3 milliards d'euros d'impôts sur un total de 77 ! Chacun d'entre eux paye 500 000 euros d'impôt, autant que 250 foyers imposés moyens. C'est pas mal et ces 6 400 foyers peuvent partir, l'ISF avec.

Bon ! Taxons les robots tueurs d'emplois, comme tout le monde le sait… ce qui en réduira (malheureusement) le nombre. Mais avant, il faut quand savoir qu'ils sont 322 pour 10 000 emplois industriels en Allemagne, avec un taux de chômage de 3,3%, contre 129 en France, avec un taux de chômage de 9,1%. Tueurs d'emplois ? Pas si sûr.

Difficile de trouver des solutions « jaunes » par les hausses de taxes, sachant qu'il est interdit de réduire les dépenses publiques, le nombre des fonctionnaires ou de petites mairies, sous prétexte de profiter des technologies informatiques ! Pareil pour l'idée d'optimiser les soins de santé ou de favoriser le maintien des personnes âgées à domicile en formant du personnel à la domotique et aux soins de base. Comment oser ces propos !

Donc, maintenons le prix de l'essence et du gasoil, et soutenons l'achat de véhicules électriques (français ou chinois). Et, pour alimenter ces véhicules salvateurs, nous aurons l'éolien et le solaire. Quoi ? Ils ne marchent pas tout le temps, sont plus chers et ne seront pas suffisants ? Alors, oublions la transition énergétique ! Quoi, il faudra plus de nucléaire ? Et mangeons français : ce sera moins de pétrole et plus de goût. Quoi ? Ce sera plus cher si nous voulons, aussi, que le paysan gagne enfin sa vie ?

Voyons, trouvez-moi alors un gilet, qu'importe la couleur, qui m'explique comment tout a tenu jusqu'ici ! Quoi : par la dette, comme un château de cartes (ou de bons du trésor), tenu par Draghi et Merkel ? Quoi, il ne suffira pas de faire partir Macron ? Quoi, il faudra travailler plus, et plus efficacement ? Quoi, la réponse sera la productivité et la compétitivité ? Quoi, l'avantage réel des gilets jaunes serait qu'ils nous font trouver la bonne solution, après avoir testé toutes les autres ? Vite !

9 décembre 2018

5. DE QUELLE COULEUR SONT LES GILETS JAUNES ?

Illustration : Thomas Bresson (CC BY 4.0)

Quelle question : jaune fluo bien sûr, pour être bien visibles et empêcher les accidents ! Mais pas ceux de ces jours derniers, présents partout en France à l'appel des réseaux sociaux, hors des partis et des syndicats. Ils n'ont pas vraiment aidé à fluidifier la circulation, sans compter les inquiétudes et les dommages suscités ! Donc, ce jaune fluo ne serait pas celui du code de la route. Voilà ce qui explique les prises de position et analyses multiples sur sa couleur véritable, donc sur sa nature réelle !

Rouge éclatant ce jaune, comme le drapeau révolutionnaire, d'extrême gauche même, contre les riches et les ploutocrates, disent les uns ! Non, disent d'autres : ces gilets veulent que les taxes sur l'essence baissent, donc son prix. Ce n'est pas « de gauche », parce que, si les prix baissaient, les salaires risqueraient de suivre ! Les syndicats de salariés veulent que les salaires montent plus que les prix !

Rouge foncé donc, ce jaune ! C'est celui des bonnets rouges qui s'opposaient à l'écotaxe en Bretagne en octobre 2013. Ils avaient fait tout arrêter, détruire les portiques et les radars qui devaient fiscaliser les poids lourds, une merveille technique du temps de Ségolène Royal et de François Hollande, votée par tous à l'Assemblée. De fait, notre jaune-rouge actuel est plutôt antifiscal, contre la hausse des prix de l'essence, mais aussi de la CSG pour les retraités (en début d'année), puis aussi des impôts locaux et des prix réglementés du gaz et de l'électricité ! Est-ce une jacquerie, comme en mai... 1358, avec ce Jacques Bonhomme, nom donné aux paysans – qui ne furent pas si « bonhommes » que cela ? Les chevaliers français ont été écrasés par les Anglais à Poitiers, le roi est prisonnier à Londres, Paris sous la coupe d'Étienne Marcel, prévôt des marchands. Les paysans ne supportent plus que ces nobles, qui ont fui devant les Anglais, les attaquent, eux, avec de nouvelles taxes. Ils s'en prennent à leurs châteaux et les pillent, mais l'histoire finira très mal, pour eux. Est-ce la « guerre des farines » de 1775, terrible conjonction de la libéralisation des prix voulue par Turgot et d'une très mauvaise récolte ? Le prix du pain explose, la famine sévit. Les nobles, fermiers généraux, le roi même, sont tenus responsables. Puis le contrôle des prix revient, le calme avec, car la troupe intervient. Pour certains, la Royauté commencerait à voir poindre le rouge phrygien ; pour d'autres, avec la disgrâce de Turgot, ce serait celle du libéralisme (déjà) ! De fait, mieux vaut ne pas taxer plus le pain (l'essence) quand le prix de la farine (le pétrole) monte pour des raisons de récolte (d'exploitation). Jaune enfin, comme celui du mouvement syndical de 1899, né au Creusot, qui voulait s'entendre avec les patrons ? Moins encore !

Vert alors ? Pas vraiment ! Les gilets verts sont assez d'accord pour financer la transition écologique, mais si c'est très graduel et si on les aide pour l'auto, la chaudière et la maison à calfeutrer. Bonjour le déficit budgétaire ! Pollueur payeur ? D'accord, mais plus lentement et plus aidés. Le mieux serait d'ailleurs que ce soit mondial : les prix de l'énergie montent partout, du fait des taxes. Théoriquement imparable, c'est le meilleur moyen pour que rien ne se passe. D'autres verts veulent qu'on ferme les centrales nucléaires, ce qui est le plus sûr moyen pour faire monter le prix de l'électricité (le solaire et l'éolien ne sauraient suffire), d'autant qu'ils veulent plus de voitures « propres », à l'électricité ! Ou brun, ce jaune, terrible mélange de vert et de rouge ?

Oui, ces gilets jaunes sont de toutes les couleurs. Oui, ils combinent un peu des verts et rouges extrêmes, plus une touche de noir, mais ils viennent surtout des campagnes qui souffrent de la dégradation de leur niveau de vie, les Jacques Bonhomme actuels, des villes moyennes, nos bourgs exposés aux métropoles, des ouvriers confrontés aux robots et aux échanges mondiaux, après les canuts lyonnais de 1831, et des jeunes au chômage.

Au-delà des excès et des récupérations, ce ou ces mouvements disent plusieurs réalités. Certaines renvoient au passé. Mais, avec l'accélération des techniques de production et d'échange, et plus encore avec les réseaux sociaux, tout est plus rapide, plus mêlé, plus dangereux si on n'écoute pas. « Ce » jaune est fluo pour qu'on ne dise pas qu'on ne l'a pas vu venir et qu'il suffirait de le gazer pour l'atténuer. Moins de jaune ? Plus de dialogue.

02 décembre 2018

6. DEUX NOBELS D'ÉCONOMIE : ON EN FAIT QUOI ICI ?

William Nordhaus (né en 1941) et Paul Romer (né en 1955) : voilà les deux Nobels d'économie 2018, américains. Nordhaus enseigne à Yale, à une heure et demie de New York, Romer à New York University. Trop loin pour nous ? Nordhaus a été primé pour avoir intégré le réchauffement climatique à la croissance, en cherchant à le maîtriser, Romer pour avoir intégré les idées et l'innovation à la croissance, en se demandant comment la renforcer. Trop loin de nos soucis ?

Pas vraiment. L'un et l'autre sont favorables à la croissance à long terme, mais ni l'un ni l'autre ne sont naïfs. Nordhaus calcule depuis longtemps (premier papier marquant en 1974) comment la croissance a, aussi, des effets externes négatifs, par le réchauffement climatique. Il cherche à corriger cette dérive. Romer calcule depuis longtemps, aussi, (premier papier maquant en 1990), comment la croissance bénéficie des idées et se fait en large part grâce à elles, avec des effets externes positifs à encourager, et des dérives à endiguer. Comment donc stimuler et corriger les marchés ?

Pour Nordhaus, c'est obligatoire. Si rien ne se passe, avec la croissance et le CO_2 qu'elle engendre, la température moyenne dans le monde montera de plus de 4° d'ici à 2100. Bonjour sécheresses, ouragans, famines, migrations et hausses de prix ! Mais si on taxe graduellement le carbone depuis 29,5$ la tonne en 2015 à 153$ en 2050, nous aurons « seulement » 3,5° de plus, nous dit William Nordhaus. 0,5° en moins que la tendance ? Cela paraît peu, pour cher. C'est donc si difficile de corriger ce réchauffement ? D'autres travaux menés en Angleterre sous la houlette de Nicholas Stern vont plus loin. Pour faire vraiment chuter les émissions de dioxyde de carbone, il faudrait en taxer la tonne de 184$ en 2015 à 1 008$ en 2050. La hausse de température sera alors limitée à… 2,5° ! Un degré de moins qu'avec Nordhaus, avec six fois plus de taxe. C'est donc résistant !

Pour Romer aussi, il est obligatoire de stimuler et de corriger les marchés. Si la croissance donne des idées qui donnent de la croissance, il faut que la croissance donne plus d'idées ! Le grand avantage des idées est qu'elles sont utilisables par tout le monde sans problème. Mais le hic est qu'il est cher d'en trouver. Pour qu'une entreprise investisse en R&D, il faut qu'elle le veuille et surtout le puisse, autrement dit gagne assez d'argent. Et si elle trouve un produit ou un procédé nouveau, elle va le breveter pour rentrer dans ses frais. D'idée en idée, de brevet en brevet, elle se développe, la croissance avec. Mais l'idée risque d'être tellement brillante qu'elle peut dominer le marché, en devenant en plus très peu chère à diffuser : Windows coûte une fortune à mettre au point, très peu à améliorer d'une version à l'autre. Ses profits montent, créent un monopole mondial, ce qui freine la croissance ! Subventionner les idées pour qu'elles naissent, d'accord. Surveiller les abus de position dominante, d'accord aussi !

Et nous ? En matière de réchauffement, nous savons qu'il faut améliorer logements et bureaux, conduire moins vite. Nous savons aussi que notre électricité vient du nucléaire, qui n'émet pas de gaz à effet de serre. Pour autant, nous aimons le solaire et l'éolien, qui sont chers et marchent… quand il fait soleil et vent, pour nous fournir 6% de notre électricité en été ! Nous sommes très peu émetteurs de gaz à effet de serre, c'est bien. Sauf si nous fermons les centrales nucléaires et les barrages pour nous chauffer au gaz, en regardant les pales des éoliennes, immobiles faute de vent, victimes du réchauffement.

En matière d'idées, nous sommes contents de nos *startups* et de nos leaders. En 2017, la France est deuxième à déposer des brevets en Europe, avec 10 559 dossiers, derrière l'Allemagne... avec 25 490. La France se distingue dans les transports et le médical. Avec 598 demandes en informatique, elle est aussi deuxième en Europe, quoique loin des 4 446 demandes américaines. Romer dirait que les brevets sont fonction de la population, c'est assez vrai, et de la rentabilité des entreprises, c'est très vrai.

Bref, pas sûr que nous suivions les messages de ces deux Nobels. Que nous soyons convaincus que le nucléaire nous donne un avantage économique et climatique durable. Que nous soyons désireux de pousser à la recherche PME et *startups*, de permettre aux inventeurs de s'enrichir, et à nous tous de vivre mieux. Invitons ces deux Nobels à discuter avec nos gilets jaunes !

25 novembre 2018

7. QUAND ET COMMENT SORTIR DE L'ÉCONOMIE DE BOUCLES D'OR ?

L'économie de Boucles d'or ? En anglais *Goldilocks Economy*, vient d'un vieux conte : « Boucles d'or et les Trois Ours ». Une petite fille (blonde bien sûr), Boucles d'or, entre dans une maison vide et y trouve trois bols de porridge. Elle mange le premier : « trop chaud », le deuxième : « trop froid », et le troisième : « Ahhh, juste comme il faut ». C'est donc « la bonne température » qu'il faut chercher, mais la petite fille a quand même mangé les trois bols des trois ours, puis s'endort, rassasiée ! Alors, quand les trois ours reviennent et voient les trois bols vides. Ils fouillent la maison. Boucles d'or s'éveille en sursaut, les voit, crie « au secours » et s'enfuit.

C'est merveilleux, en économie, de trouver le juste équilibre pour soigner, communiquer, éduquer et, au final, faire augmenter le PIB « juste comme il faut ». Mais vient toujours un temps où la conjoncture se dérègle :

de trop froide, quasi-récessionniste, elle devient « trop chaude », inflationniste. Le difficile est de la tenir « juste comme il faut » : ni trop ni trop peu de chômage, ni trop ni trop peu d'inflation. C'est cet équilibre instable qu'il faut gérer, avec tous les outils des politiques budgétaire, monétaire, structurelle, plus de la politique tout court, avec toujours la « juste communication qu'il faut ».

« Tout va encore bien », se dit actuellement la bourse américaine. Mais elle sent que la température monte trop. 3 500 jours de hausse, c'est un record absolu. La croissance est forte, dépassant 3,8% en rythme annuel au troisième trimestre 2018, pour atteindre en moyenne 3% sur l'année, avec un taux de chômage de 3,7%, mais avec une inflation sous-jacente de 2% seulement, tout compris de 2,6%, pour une hausse du salaire horaire de seulement... 2,6% ! C'est une histoire pour enfants ! Combien durera cet étrange équilibre ? Quand la forte chaleur de la bourse va-t-elle contaminer celle de l'économie au point d'y faire monter les salaires, l'inflation, la chaleur d'ensemble ? Quand cet étrange mélange de trop chaud boursier et de tiède salarial va-t-il changer ? Quand faudra-t-il dire « au secours » et partir, parce que les taux longs à 10 ans dérapent à plus de 3,3% ?

C'est à Jerome Powell, le Président de la Banque centrale américaine, de régler la température du porridge. Il a même dit comment il allait faire, en deux étapes. D'abord, pour permettre à la croissance de continuer sur sa magique avancée, en mobilisant davantage une main d'œuvre éloignée de l'emploi depuis longtemps, il va graduellement augmenter les taux courts, et prévenir quand il le fera. Les salaires monteront, mais différemment : beaucoup pour les experts en informatique ou science, assez pour les salariés moyennement qualifiés, pas mal pour cols bleus qui manquent de plus en plus, peu pour ceux qui reviennent vers le marché du travail. Donc Jerome Powell veut augmenter peu les taux à court terme pour permettre au taux de chômage de baisser vers 3,5%, un minimum. Par mois, le bol américain de financement de la dette à court terme monterait de 0,8% et de 0,1 à 0,2 % pour le long.

Mais si la bourse s'inquiète et baisse, alors Jerome Powell dit qu'il laissera faire. Il veut purger « un peu » les valorisations qu'il trouve trop élevées, ce qui fera rebaisser les taux longs et stabilisera la bourse. Alors la croissance ralentira bien sûr, embauchera moins, les salaires se stabiliseront. Alors l'économie américaine atterrira en douceur, un *kiss landing* entre 2,5 et 2%. Si nécessaire, mais seulement si nécessaire, Jerome Powell baissera les taux courts, car il faut « garder de la poudre sèche » si la situation se détériore trop. On ne sait jamais. Alors, comme dans Boucles d'or, la récession partira, à plus forte raison toute explosion boursière. La température sera redevenue « juste comme il faut ».

Ceci peut-il se produire aux États-Unis ? Pas sûr, les trois ours sont plus nombreux et remuants : États-Unis, Chine, Iran, Turquie, Arabie Saoudite, Russie, Italie… Pas sûr, car Jerome Powell peut avertir qu'il ne sauvera pas la bourse si elle baisse (pas de *Powell Put*, comme il y a eu un *Greenspan Put* et un *Bernanke Put*), personne ne sait comment il va réagir quand la bourse piquera du nez. Les pressions monteront partout, lui rappelant l'emploi ! L'économie américaine n'est pas « juste comme il faut » : elle devient trop chaude, doit donc devenir trop froide. Les Boucles d'or sont un conte, Trump est seul à y croire.

18 novembre 2018

8. LA FRANCE EST EN PLEINE « TRANSCONSOMMATION »

Nous voulons manger moins, plus sain, sans gluten, sans sucre ajouté, sans trop de sel, sans autant de gras, avec moins de viande voire sans - végétariens, avec peu de fromage voire sans - vegan, et avec plus de graines. Pour les uns, cuisiner fait perdre du temps (surtout en ville), alors qu'on peut acheter des plats tout préparés au supermarché du coin (il y en a de plus en plus), ou tout commander sur Internet et se faire livrer à vélo ou scooter. Place à la *FoodTech* ! Mais pas du tout pour les autres ! Ils veulent consommer mieux, cuisiner des produits sains achetés près de chez eux. Manger des fraises en décembre était une fête, c'est devenu un gâchis de carbone !

Manies de jeunes, de millenials, de *hipsters* (artistes bohème), de bobos (bourgeois-bohème) ou de séniors qui veulent s'entretenir, même si leurs retraites sont menacées (ou à cause de cela) ? Les raisons « en ique » abondent, psycho, socio, éco ou techno, pour expliquer ces changements dans notre consommation. On parle de « déconsommation », antichambre de la « décroissance », comme Derrida parlait de « déconstruction » : la philosophie passe au micro-ondes.

Un changement massif et brutal se produit sous nos yeux. La consommation alimentaire, qui augmentait de 0,1% par trimestre en 2016 et 2017, baisse de 0,3% au 1er trimestre 2018, de 1,3% au 2ème et se reprend un peu, de 0,1%, au 3ème. Cette rupture ne peut être expliquée par la hausse de la CSG sur les retraites supérieures à 1 200 euros : le revenu réel est remonté au deuxième trimestre (+0,6%), compensant la baisse de 0,5% au premier. Ce qui se passe est plus profond et durable.

Oui, la France change dans ce qu'elle mange, avec ses métropoles qui concentrent les populations au détriment des villes moyennes et, bien sûr, des campagnes. Elle vieillit aussi. Les villes abritent des familles de taille plus réduite, sinon monoparentales, avec de nouveaux besoins : moins de viande, portions individuelles, produits de meilleure qualité, en quantités plus faibles. Les millenials aussi ont des goûts bien tranchés. La santé est leur souci majeur, avec des produits de saison, au circuit le plus court possible. Internet permet à tous de vérifier les prix, de passer commande pour se faire livrer. Amazon est devenu le nouveau concurrent des distributeurs, au point qu'un préfère s'allier avec lui (Casino). Pour continuer à baisser les prix, alliances et concentrations se poursuivent. Les centrales d'achats en « centralisent » toujours plus, en France ou hors de France (peut-être aussi pour payer plus tard les factures, échappant ainsi aux règles de l'hexagone). Ceci pousse aussi les producteurs d'équipements ménagers à serrer davantage leurs coûts, à se concentrer et à aller au Vietnam, car la Chine, c'est trop cher ! Les agriculteurs, eux, doivent « monter en gamme », mais comment, si les prix sont aussi serrés ? Et les éleveurs ?

Oui, la France change aussi dans ce qu'elle boit. De 100 litres de vin par an et par habitant en 1975, sa consommation passe à 47 litres en 2016, certes de meilleure qualité, en attendant 43 en 2020. La chute de la consommation d'alcool est nette en 2016. Et un million de fumeurs quotidiens ont cessé de pétuner, entre 2016 et 2017 !

« Quelque chose » s'est passé ces dernières années ! Pas de surprise, alors, si la grande distribution est en crise, ou en mutation en France, après celle des Etats-Unis, elle en vraie crise. Carrefour estime que 50 de ses hypermarchés sur 247 en France sont « sous-performants » et devront fermer, réduire leur taille, ou être vendus. Pour chacun, se posent des problèmes sociaux, de concurrence, et politiques. Pareil pour Casino, poussé en plus par la nécessité de réduire rapidement sa dette : 20 hypermarchés sur 110 seraient sur la sellette, 55 Monoprix cédés. Et on dit que Carrefour aurait approché Casino ! Surtout, l'histoire n'est pas finie : Société générale et LCL réduisent leurs réseaux, comme les assureurs, les vendeurs de vêtements et de chaussures. Les centres commerciaux s'interrogent. Internet est partout !

Tout ceci annonce un choc d'emploi pire que les robots. Former, monter en qualité, s'appuyer sur la marque France ? Oui, mais pas facile ! Vendre plus de qualité plus cher : facile avec un revenu qui stagne ? La « transconsommation » menace des milliers d'emplois. C'est une transformation sociale majeure, pas forcément celle que veut Emmanuel Macron, mais les consommateurs. Il va falloir s'expliquer !

11 novembre 2018

9. LES DOUZE CÉSARS DE NOTRE MONDE

Qui sont les chefs de ce monde ? Nouveaux chefs de ce nouveau monde plutôt, tant tout change vite autour de nous, pas nécessairement pour le mieux. Les voilà donc, par ordre alphabétique français, pour n'en vexer aucun : Abe Shinzo (Japon), Bolsonaro Jair (Brésil), Erdogan Recep (Turquie), Jinping Xi (Chine), Macron Emmanuel (France), May Theresa (Royaume-Uni), Merkel Angela (Allemagne), Poutine Vladimir (Russie), Rohani Hassan (Iran), Salmane Al Saoud Mohamed ben, dit MBS (Arabie saoudite), Salvini Matteo (Italie) et Trump Donald (États-Unis). 2 femmes pour dix hommes, 59 ans d'âge moyen, entre le junior : MBS, 33 ans, et le senior : Trump, 72.

A quels anciens Césars nos nouveaux ressemblent-ils ? Obéissent-ils aux descriptions à la serpe de Roger Vaillant, dans sa lecture de la Vie de douze Césars de Suétone ? Où sont les équivalents de César, Auguste, Tibère, Caligula, Claude, Néron,   Galba, Othon, Vitellius,

Vespasien, Titus ou Domitien ? Bien sûr, ne cherchons pas de répliques : l'histoire ne se répète pas à ce point.

En revanche, elle a peut-être un « sens ». Nos actuels Césars vont-ils suivre la terrible dérive décrite par Suétone ? « Normaux » en général au début, bons soldats et fins politiques même, ils deviennent défenseurs de la morale, du sang romain et grands bâtisseurs à leur prise de pouvoir, puis mangeurs et jouisseurs sans limites, puis meurtriers, de leurs proches d'abord, puis meneurs de spectacles, jusqu'à ce que le spectacle les engloutisse, jusqu'à leur mort. Dix Césars sur douze périssent de manière violente, assassinat ou suicide. Neuf sur douze ont poussé la cruauté à l'extrême. Tous ont vu leur début fêté par le peuple, et aussi leur fin.

Un risque grave pèse sur nous : sur les douze Césars actuels, 6 sont des « pouvoirs forts », 4 des démocraties, dont les chefs sont constamment secoués (Theresa May avec le Brexit, Angela Merkel annonce son départ) et 2, en Italie et aux États-Unis, deviennent de plus en plus autoritaires. Où tout ceci va-t-il finir ? Les marchés financiers, soucieux du respect de la liberté et des normes, parlent surtout de commerce, pas de démocratie. On sait qu'ils aiment assez les régimes forts, à condition qu'ils demeurent présentables, avec l'idée qu'ainsi ils sont prévisibles, les profits avec.

Evidemment, on ne retrouvera plus les festins excessifs des temps anciens. Ce n'est pas un progrès de la morale : ils sont rendus impossibles, avec ces médias qui vantent la santé du corps ! Même chose pour les mœurs dissolues, avec #Metoo et les réseaux. Mais on ne peut pas dire que les incarcérations, les tortures et les meurtres ont partout disparu, même « sous » l'omniprésence de Facebook et d'Apple. Plus d'informations que jamais circulent, mais quelques-unes seulement le font en boucle, occupant le paysage, par buzz interposé. Certaines, excellemment fabriquées, trompent de mieux en mieux, au moins sèment le doute. Les anciens Césars respectaient les dieux, du moins les craignaient-ils. Ils consultaient les prêtres, quitte à faire tuer ceux qui leur annonçaient de trop mauvaises nouvelles. Certains nouveaux Césars créent aujourd'hui leurs oracles. Quelques-uns, aux Etats-Unis semble-t-il, paraissent même y croire.

Comment tout ceci va-t-il finir ? Les anciens Césars se succédaient, et l'Empire romain a disparu. Les nôtres sont tous là : quel(s) empire(s) va(vont) donc périr ? Avec quels soubresauts ? Nos modernes oracles, les marchés financiers, croient que la période féérique qu'ils vivent va se poursuivre, tout en annonçant le pire en permanence. « 29 » devrait être une aimable plaisanterie en comparaison. Nos experts de tout poil tentent de comprendre les stratégies qui animent quelques Césars, alors que l'incompétence, la bêtise et sans doute la folie ont aussi leurs parts dans ce qui se passe, quitte à le rendre incompréhensible.

Au fond, ce qui demeure, des anciens Césars jusqu'aux nôtres, c'est le théâtre. Théâtre des grandes réunions du G20, ballets du G7, plenums chinois concurrents des *hearings* américains, feux d'artifices de tests militaires, vrais feux de guerres sauvages, mais limitées aux confins des empires de chacun : nos jeux du cirque ne manquent pas. Néron l'assurait, au moment de se poignarder : « quel artiste périt avec moi ! ». Sans vouloir bien sûr de tels actes de nos chefs actuels, la folie du pouvoir semble à l'œuvre, les freins de la démocratie s'usent. « Gouverner c'est faire croire », disait Machiavel. Mais à quoi ?

4 novembre 2018

10. ENTRE GRIPPE ITALIENNE ET FIÈVRE TRUMPIENNE

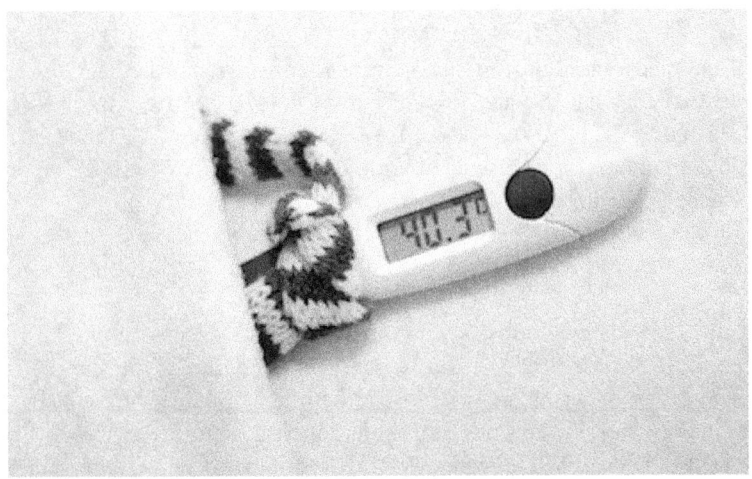

La zone euro faiblit. Le 24 octobre, les indices PMI Markit annoncent que la production du secteur manufacturier revient à son niveau d'il y a 46 mois et la confiance des patrons des services à celui d'il y a 24 mois ! Pourquoi ?

D'abord la grippe italienne s'étend, touche les actions et les obligations. L'histoire commence le vendredi 12 octobre, quand Moody's abaisse la note italienne à Baa3. C'est le niveau le plus bas dans la catégorie *investment grade*, « correcte », avant d'entrer dans celle, *speculative*, des *junks bonds*, les « obligations pourries ».

Ensuite la fièvre trumpienne marque l'Allemagne, faisant baisser ses exportations. Toujours selon Markit, le volume d'exportation des fabricants allemands se replie pour le 2ème mois consécutif. Depuis que Donald Trump critique les Mercedes qui roulent devant chez lui, taxe et menace les importations allemandes, les ventes se replient, les guerres commerciales redoublent.

La grippe italienne se mesure par les taux de la dette publique. Ils montent à 3,47% pour les bons à 10 ans, contre 3,11 début septembre. 0,36 point de pourcentage de plus, plutôt 12% de plus ! Pendant ce temps, la bourse de Milan passe de 20 260 points début septembre à 18 680 : 7,8% perdus. Les cours des grandes banques trinquent : Unicredit perd 13%, Intesa 16% en deux mois (et respectivement 60 et 40% sur un an !). Pire : la dette publique italienne est à 3,47%, contre 0,37% pour l'allemande : 310 points de base d'écart ! Et encore, nous ne sommes plus au 3,71 du 19 octobre : merci Draghi pour avoir dit que vous étiez confiant !

La fièvre trumpienne touche la France, et surtout l'Allemagne. Le taux du bon du Trésor à dix ans France atteint 0,74%, contre 0,69 il y a deux mois, le taux allemand 0,37% contre 0,34 : +7% pour la France et +9% pour l'Allemagne ! La bourse allemande déteste : le DAX perd 8,7%, contre 8% pour le CAC 40, pire que la bourse italienne !

Comment comprendre ces deux maladies ?

Pour l'Italie, la coalition au pouvoir annonce un déficit public à 2,4% du PIB en 2019, contre 0,8% promis par le précédent gouvernement, pour atteindre 1,5% de croissance en 2019 (!), mieux que 1,2% en 2018, puis 1,6% en 2020 et 1,4% en 2021 ! Alors le déficit reviendra à 2,1% du PIB en 2020 et 1,8% en 2021. *Promeso.* Moody's fait ses calculs, avec un zeste d'optimisme : « le ratio de dette publique de l'Italie va probablement se stabiliser autour de l'actuel taux de 130% du PIB dans les années à venir, plutôt que de commencer à diminuer ». Mais l'agence ajoute : « les projets de mesures budgétaires et économiques du gouvernement ne constituent pas un agenda cohérent de réformes qui pourront permettre de résoudre les problèmes de croissance décevante ». La Commission européenne n'y croit pas non plus, demande des « clarifications » sur le budget 2019 et juge sa dérive « sans précédent dans l'histoire du Pacte de stabilité et de croissance ».

La grippe italienne va empirer, si le gouvernement italien refuse de revoir sa copie. Or, pour lui, ses prévisions de croissance sont solides, avec sa double logique de baisse d'impôts (pour la *Lega*, au nord) et de revenu universel (pour *5 Stelle*, au sud). C'est la « voie italienne » : tant pis pour Bruxelles et le *spread* !

Pour l'Allemagne, elle est en sandwich entre ses exportations en berne et son risque de « garante de la zone », si les marchés se disent que l'Italie sort du sentier où sa dette était « soutenable » pour aller vers le défaut, la sortie de l'euro – et pire.

Et nous ? Et si les marchés nous comparaient à l'Italie ? La dette publique italienne égale 1,3 PIB pour une croissance à 1,2%, un déficit à 2,3% et un excédent des comptes courants à 2,8% du PIB. En France, la dette publique atteint 1 PIB, la croissance 1,7%, le déficit budgétaire 2,6% du PIB et, différence importante, nos comptes courants sont en déficit de 0,8% du PIB. Gentils, les marchés acceptent, comme Bruxelles, que le déficit public français remonte de 2,6% du PIB en 2018 à 2,8% en 2019 du fait de « mesures exceptionnelles » ! La France « tient » parce qu'elle « vend » bien ses réformes, plus son lien avec l'Allemagne.

Mais si les tensions montent encore entre Rome, Washington, Bruxelles et Francfort, nous serons et grippés et fiévreux. Notre dette est pour moitié en mains étrangères, contre un tiers pour la dette italienne ! Il nous faut moins de déficit, plus de productivité et de compétitivité : l'homéopathie politique ne nous guérira pas.

28 octobre 2018

11. NOUS MOURRONS PLUS TARD

Enfin une bonne nouvelle de l'Insee ! L'âge moyen de décès en France est de 79 ans en 2017. 11 ans gagnés par rapport à 1967 : c'était 68 ans. La durée moyenne de vie passe ainsi de 72 à 83 ans pour les femmes, 11 ans gagnés, et de 64 à 76 ans pour les hommes, 12 ans gagnés. Compte tenu des « arrondis », la longévité a autant augmenté pour les femmes que pour les hommes, donc les écarts entre sexes demeurent : 7 ans. La mort frappe plus chez les hommes, parce qu'elle frappe plus tôt. Entre 20 et 29 ans en effet, les décès d'hommes sont 2,9 fois plus nombreux que ceux de femmes, 2,2 fois plus nombreux entre 30 et 39 ans, 2 fois plus entre 60 et 69 ans. Les « comportements à risques » des hommes : accidents de la route, conduites à risque, suicides même (relativement plus masculins que féminins)… se payent. Puis les excès masculins se réduisent !

Cet allongement de la durée de vie s'inscrit dans une heureuse tendance : 7 ans de plus en trente ans, entre 1967 et 1997, et 4 autres en vingt ans, entre 1997 et 2017. Certes, on peut se dire que le gain décroît, passant de 2,8 mois par an dans la première période, à 2,4 dans la deuxième. Mais il s'agit là, en fait, de progrès qui viennent de la baisse de la mortalité infantile, plus importants dans la première période, grâce aux vaccinations, antibiotiques et campagnes de sensibilisation contre la mort subite du nourrisson, qu'à une baisse des progrès de la médecine ces dernières années ! Ils continuent, avec les campagnes de dépistage et de suivi et, au moins autant, avec le souci de l'entretien physique, qui se développe.

Maintenant, il faut se dire des choses peut-être moins agréables, mais qui sont la conséquence de cette amélioration, pour qu'elle se poursuive.

Paradoxe désagréable en premier lieu, le nombre de décès augmente depuis 2008, et continuera. Il atteint 594 000 personnes en France métropolitaine en 2017, record d'après-guerre. Ce chiffre vient en fait de la rencontre de deux baby booms. C'est d'abord la fin de celui de la première guerre mondiale, qu'on a oublié. Le baby boom des années 20 s'achève, décalé dans le temps pour les hommes et surtout pour les femmes, du fait de leur longévité accrue. En 2017, le quart des personnes décédées a plus de 90 ans : elles sont nées avant 1927. Puis vient le début de la fin du deuxième baby boom : celui de l'après deuxième guerre mondiale.

Deuxième conséquence, plus compliquée encore à admettre, notre système de retraite par répartition dépendra des rapports entre croissance et longévité. Il est fonction de la productivité et de l'emploi du côté des ressources, des « cotisants », et de la démographie de l'autre, combinant taux de fécondité et longévité pour les « recevants », les retraités. Le Conseil d'Orientation des Retraites calcule qu'un homme ayant 60 ans en 2040 « devrait » mourir à 87 ans, puis un autre de 60 ans en 2060 « devrait » nous quitter à 91 – contre 86,5 actuellement. Et une femme de 60 ans en 2040 « devrait » mourir à 90 ans, puis une autre de 60 ans en 2060 « devrait » mourir à 94 – contre 88 aujourd'hui. Nul ne sait où ira cet accroissement de longévité, ce qui posera des problèmes d'équilibre à la retraite par répartition. On passerait de 3,5 cotisants pour un retraité en 2011 à 2,9 en 2017 et à 1,7 en 2070. Si la longévité croît toujours, hors remontée de la productivité à susciter (comment ?), le déséquilibre des retraites empirera. Et on sait encore moins comment évoluera la santé des plus âgés. Tout ceci pourrait conduire à repousser l'âge de la retraite, à prélever plus, à répartir moins, dans des combinaisons fonction de (chaudes) discussions médicales, syndicales, politiques et économiques.

Eh oui : mourir plus tard n'implique pas de vivre plus longtemps bien, si on ne s'y prépare pas. Nul ne connaît la croissance française dans 30 et 40 ans, or c'est elle qui déterminera les retraites d'alors. Les « droits à la retraite » existent, mais ils dépendent de ce qui pourra être réparti.

C'est là qu'il faut se préparer : vivre plus longtemps est une bonne nouvelle… à créer. Elle implique une hygiène de vie plus stricte. Surtout, elle demande une meilleure « hygiène de vie économique », en épargnant tôt dans des actifs ayant eux même une longue durée de vie : logements dans des villes en expansion, investissements dans les biens de consommation et les services liés à une meilleure qualité de vie. Puisque nous allons vivre plus longtemps, il faut financer ce qui nous le permettra !

21 octobre 2018

12. PLONGÉE BOURSIÈRE MONDIALE : QUI PEUT L'ARRÊTER ?

Deux personnes en théorie : Jerome Powell, le patron de la banque centrale américaine, en disant qu'il va ralentir ses hausses de taux, ou Donald Trump, qui craindrait que cette baisse des bourses ne détruise sa stratégie de croissance, à un mois des élections *mid term*. Mais ce qui s'est passé ces derniers jours montre qu'il n'y en a qu'une : Donald Trump.

Reprenons le film : 10 octobre le Dow Jones perd 1,4%, le 11 Shanghai perd 5,2%, le CAC 40 1,4% et le Dax allemand 0,9%, mais le 12 octobre le Dow reprend 1,6%, tandis que Shanghai, Dax et Cac se stabilisent. La bourrasque est finie ? Voilà des jours que les vents se levaient sur les marchés. Voilà des mois que Trump secoue tout violemment, au moins en paroles, pour forcer la croissance américaine, que Xi Jinping y réagit à sa manière, sans qu'on ne perçoive ni ne comprenne tout, qu'accords et traités sont déchirés, qu'on voit monter les troubles en Turquie, Iran, Brésil, Italie… Les bourses se disent que c'est trop. Elles baissent le 10 octobre, frappant les États-Unis, le leader de la hausse mondiale. Elles suivaient le Dow et surtout le Nasdaq, admiratives. C'était si beau là-bas, partout et depuis longtemps. 3 500 jours de hausse boursière américaine, une croissance à 4,2% en rythme annuel au deuxième trimestre, en plein emploi et sans inflation : un miracle ! Qui s'arrêtait ?

Powell a-t-il perdu la main ? Pour calmer le jeu, en fait pour le prolonger, il répétait sans cesse qu'il augmentait les taux en fonction de la situation, prévoyant ainsi une prochaine hausse en décembre. Les marchés avaient semblé apprécier cette recette, nommée *forward guidance* aux États-Unis. Ce « guidage avancé », mené par Jerome Powell, consiste à dire qu'il faut, pour prolonger la croissance, ancrer les anticipations d'inflation autour de 2%. Il faut alors hausser les taux courts en fonction de l'inflation prévue, pour bien montrer qu'on suit le mandat de la Fed, l'inflation autour de 2%, et faire que « les gens » y croient.

Mais cet ancrage devient moins solide. Les trois sources du miracle américain d'une croissance forte sans inflation s'épuisent. D'abord, la correction suit l'adage : « plus la récession est forte, plus la reprise est vigoureuse », mais elle fête ses dix ans ! Ensuite, la révolution technologique en cours trouble les repères. Elle malmène les valeurs boursières qui « ne bougent pas assez », par exemple dans la distribution, et pousse au plus haut les startups qui « promettent ». On verra ce qu'elles tiennent. Cette révolution fait, ou a fait, monter les cours des GAFA, en fait des monopoles mondiaux, puis tire les autres. Naît ainsi un « effet richesse pur », « pur » car le plein emploi ne fait pas monter les salaires : seulement la bourse ! La raison en est une bipolarisation de l'emploi, entre experts mieux payés et emplois de services peu qualifiés et peu payés. Mais, même ces salaires peu qualifiés montent : Amazon fait passer son minimum horaire à 15$! Enfin, les politiques monétaires de *forward guidance* s'usent. L'inflation va finir par monter avec le plein emploi et l'arrêt de l'immigration, les hausses du pétrole et des droits de douane. Donc l'inquiétude monte, les taux longs dérapent, les bourses plongent, et Powell ne dit rien !

Mais pas Trump ! Il avait prévenu le 9 octobre : « la Fed fait ce qu'elle pense nécessaire, mais je n'aime pas ce qu'ils font… Les chiffres que nous obtenons sont record, je ne veux pas les ralentir même un peu, particulièrement parce que nous n'avons pas de problème d'inflation… Je pense qu'il n'est pas nécessaire (de monter les taux) aussi vite ». Il s'énerve le 11 : « la Fed est devenue folle » et monte d'un cran : « La Fed est *out of control*, elle est trop stricte, je comprends tout ça mieux que ces gens… ».

Quand vient la question : « Allez-vous virer Powell ? ». « Non… mais je n'aime pas cette politique… ».

Les marchés n'ont retenu que « virer Powell », alors que c'est impossible… mais ils sont peut-être habitués à cette pratique ! Plus encore, ils ont été surpris, voire tétanisés, par la violence de la réaction trumpienne, se disant qu'elle pourrait faire réfléchir la Fed avant d'augmenter ses taux en décembre. La Fed vaincue ! Surtout, l'inflation vient de sortir à 2,3% en septembre contre 2,7% en août, le plus bas taux depuis 7 mois. Donald Trump avait donc raison ! Mais si l'inflation était sortie à 2,8% ? Les marchés sont nerveux, Trump aussi – et qui l'arrêtera, lui ?

14 octobre 2018

Jean-Paul Betbeze

13. 1 MILLIARD DE FRANCOPHONES : ON EN FAIT QUOI ?

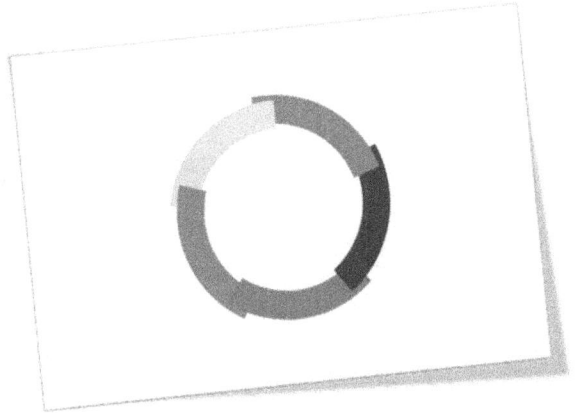

Les 11 et 12 octobre, à Erevan en Arménie, se tient le 17ème sommet de la francophonie. Emmanuel Macron sera là pour parler de la langue de Molière, et sans doute aussi de celle des affaires, de préférence à celle du *business*. Comment donc valoriser cet immense capital que représente la sixième langue du monde ?

On ne le dit pas assez : la Francophonie est un immense espace culturel, mondialement reconnu, qui concerne directement ou indirectement 1 milliard de personnes parlant français quotidiennement ou comme seconde langue. C'est ainsi la sixième langue du monde, après le Mandarin, l'Anglais, l'Espagnol, l'Arabe et le Hindi. Il concerne 57 pays, plus de 15% du PIB mondial et croît de 5% l'an, plus que le PIB mondial ! « Le Français », comme le disait Boutros Boutros-Ghali, Secrétaire général de la Francophonie de 1997 à 2002, est « une langue non alignée ». En 2014, on comptait ainsi 274 millions de francophones : 63 en France, 33 au Congo,

12 en Allemagne, 11 en Algérie, aux Maroc, Royaume-Uni et Canada, sans oublier Italie et Cameroun (9 millions), Québec, Côte d'Ivoire (7), Tunisie (6), Suisse, Espagne et Madagascar (5). Ainsi, selon les données 2014 de l'Organisation Internationale de la Francophonie, il y a plus d'un million de francophones dans 39 pays !

On ne le sait pas vraiment : le Français se parle sur tous les continents. Il escorte l'espace France au sens large, et aide donc, directement et indirectement, son économie et l'expression de sa pensée. En Afrique surtout, les rapports amicaux et historiques que noue la France avec de nombreux pays sont décisifs. Le Français, grâce à l'Afrique, devrait ainsi concerner 700 millions de francophones en 2050, avec le Congo qui, comptant 33 millions de francophones sur 85 millions d'habitants, est le pays francophone le plus peuplé d'Afrique. Et ceci en attendant 180 millions d'habitants en 2050 selon les démographes ! Voilà pourquoi les interventions de la France sont aujourd'hui multiples sur ce continent et, seules parmi les pays d'Europe, de nature militaire. C'est un signe qui ne trompe pas sur un enjeu qui n'est pas que linguistique. Les liens entre la France et l'Afrique doivent se renforcer, en tenant compte non seulement de toutes ses puissances en devenir, et plus encore des valeurs à conjuguer. Il en est de même au Canada.

On n'en tient pas compte : le Français est la troisième langue mondiale des affaires. On pense souvent qu'il campe dans le seul terrain des idées et des lettres. C'est vrai, c'est bien, mais ceci ne l'empêche pas d'être aussi une langue de gestion, de comptabilité, de *management*, de brevets, des innovations et de droit. C'est à partir de ce capital de départ qu'il faut mener des actions concrètes, dans les sciences, l'agriculture, les centres de formation, dans les divers supports d'information, dans les pôles de compétitivité, ou encore dans les luttes contre la pauvreté ou la pollution... Le Français est une langue d'idées, de théories, de philosophie, de littérature, mais aussi de sciences, de brevets et d'actions.

On doit donc avancer. C'est ici que l'on retrouve l'intérêt du droit et des systèmes français de protection des entreprises, la qualité des professions du chiffre. Le droit français est sûr, protégeant la propriété, encourageant la croissance, définissant nettement les responsabilités dans divers domaines : droit et fiscalité des entreprises, droit des brevets, droit social... et toujours avec des spécialistes compétents. D'importants cabinets sont également spécialisés en droit européen, issu du droit romain, mais aussi en *common law* anglo-saxonne. Ces experts sont en rapport avec les « professions du chiffre » : experts comptables et commissaires aux comptes qui enregistrent les données, présentent et certifient les comptes, évaluent et conseillent, aident les entreprises à grandir. L'armature française de la gestion, à la fois technique et légale, est de grande qualité.

Le Français est notre bien le plus précieux, pour défendre nos valeurs bien sûr, et aussi nos emplois ! Le drame est de ne pas assez l'entretenir et le faire avancer, alors qu'il continue de s'enrichir : en 50 ans, le dictionnaire de l'Académie passe de 40 000 à 60 000 mots. Le Français est une langue très vivante ! Il intègre non seulement certains mots des autres langues, en liaison avec la révolution technologique en cours, plus la mondialisation, plus nos propres progressions et inventions. Francophonons !

7 octobre 2018

14. MACRON RENCONTRE PASCAL

(La scène se passe à Port Royal des Champs, près de Paris, devant les ruines de l'abbaye).

Emmanuel Macron : Oh, Blaise Pascal, quelle joie de vous voir déambuler ici !

Blaise Pascal : Président, quelle joie de vous voir méditer ici, sur les faux semblants de ce monde !

EM : Donc, pas de « Président » entre nous ! Savez-vous, Blaise, que le pape actuel, François, songe à votre béatification ?

BP : Le Jésuite ! Il est donc bien plus… malin que ceux de mon temps !

Jean-Paul Betbeze

EM : Pas de joute, non plus, entre nous ! Savez-vous aussi ce qui m'arrive ? Je chute dans les sondages et pourtant je propose des plans, contre la pauvreté, puis pour la santé, qui ne suscitent même pas de critiques ! C'est un très bon signe dans notre pays ! Et voilà que les médias, comme on dit de nos jours, ne parlent que d'un incident véniel à propos d'un de mes gardes, du Ministre de la Police qui me quitte, mécontent, ou encore d'une phrase malencontreuse que j'ai dite à un jardinier qui ne trouvait pas d'emploi ! Je lui ai proposé d'aller voir ces restaurants qui se plaignent de manquer de personnel. Et tous mes plans pauvreté et santé ont alors disparu, enfouis sous ces quelques mots !

BP : Le secondaire est toujours le principal. Vous m'avez pourtant lu, quand je parlais de ce vénérable magistrat qui allait écouter un sermon. Il remarque que le prédicateur est enroué ou mal rasé, et alors : « je parie la perte de la gravité de notre sénateur » !

EM : Je sais. Mais comment puis-je avancer sans être « accompagné de gardes, de tambours, d'officiers et de toutes les choses qui ploient la machine vers le respect » et, « en même temps », parler simplement ? « Il ne faut pas guinder l'esprit » dites-vous : vous voyez que je vous connais par cœur. Mais ce n'est pas simple de faire l'un et l'autre : et « tambours » et « pas guindé » !

BP : Oui. Et vous avez d'autant moins le choix de ménager les deux, vous dites aujourd'hui « manager » je crois, que vous devez être, par la bizarrerie de ce temps, et distant et proche, et Jupiter et « normal », et ceci constamment. La puissance des rois est fondée sur la raison et sur la folie du peuple, et bien plus sur la folie : c'est de moi. Vous êtes donc coincé, mais quand même : vous le saviez !

EM : En théorie ! J'ai compris maintenant que je dois passer plus de temps dans le trivial, l'anecdotique, le terre à terre, abandonner ces abstractions géopolitiques que j'aime, cesser mes réactions et foucades. Mais je crois alors réveiller les Français au réel, et on me parle de « provocations » !

BP : Emmanuel, n'avez-vous pas compris que nous remplissons le présent de bruits et de rumeurs, de divertissement et autres *fake news*, pour ne pas le comprendre et ne pas l'analyser, en rêvant ainsi d'améliorer notre futur ? Folie bien sûr : c'est bien pourquoi le présent nous blesse tant, pourquoi les sondages montrent que nous sommes si inquiets aujourd'hui, plus encore pour demain, car c'était mieux… hier !

EM : Mais ce n'est pas moi qui règle la vitesse de ce monde, la prolifération des faussetés, jeux et tactiques des puissants de toutes espèces ! La vérité est en train de disparaître, non seulement sous les opinions qui se disputent, mais sous les preuves qui se fabriquent, les expériences qui sont faussées !

BP : Vous ne vous rappelez pas la mienne, au Puy de Dôme ? J'y prouvais que la nature n'a aucune répugnance pour le vide ; elle ne fait aucun effort pour l'éviter ; tous les effets qu'on a attribués à cette horreur procèdent de la pesanteur et pression de l'air. On a inventé exprès cette « horreur du vide », pour trouver une raison ! Pour faire reculer la science et la raison, rien de mieux que la peur !

EM : Mais qui peut donc m'aider aujourd'hui à expliquer mes choix, si les Français passent plus de temps à suivre ce qu'on dit de Benalla ou à commenter la longueur des jupes de Brigitte qu'à m'écouter ou me lire ?

BP : C'est inévitable. Faites simple, pas populaire. Dites : « pour lutter contre la pauvreté, éradiquer ce fléau social et humain, il s'agit de mobiliser tous nos efforts, publics et privés ». C'est digne. Mais ne vous plaignez pas de dépenser en vain « un pognon de dingue ». Jupiter descend par moments de l'Olympe ; il n'en dégringole jamais. Il faut serrer les mains et sourire : le Président des Français n'est ni ange, ni bête...

EM : Mais qui veut faire l'ange, fait la bête !

BP : Et oui ! Pour vous, je fais un autre pari pascalien : vous allez réussir !

EM : Puis-je vous citer au 20 heures ?

30 septembre 2018

15. CORDÉE : ENTRE LES PREMIERS ET LES DERNIERS, COMBIEN D'EUROS ?

En France, entre le premier et le dernier de cordée, il faut compter 10 millions d'euros annuels (hors *stock options* et avantages divers) pour les patrons les mieux payés (Sodexo ou LVMH), contre 8 484 pour le RSA, ou bien 100 millions pour les footballeurs (126 pour Messi, 94 pour Ronaldo et 82 pour Neymar). Mais nous sommes là aux extrêmes : 1 000 fois plus de revenu entre riches patrons et un pauvre, 10 000 entre grands footballeurs et un pauvre. Mais tous les patrons ne dirigent pas LVMH et tous les joueurs ne sont pas Messi !

Quittons ces extrêmes : allons voir les 10% les plus aisés. Ils gagnent plus de 37 570 euros par an. Comparons-les aux 10% les plus modestes, qui gagnent moins de 11 040 euros. L'écart entre ces deux groupes est de 3,4 : moins sensationnel, plus vrai. Et si on veut mesurer la pauvreté, avec l'Insee, on trouve qu'en 2016 8,8 millions de personnes vivent au-dessous du seuil de pauvreté, c'est-à-dire perçoivent moins de 1 026 euros par mois. Ce chiffre est calculé à partir de 60% du revenu médian (qui divise la population en deux parts égales), soit 20 520 euros annuels. Les pauvres perçoivent près des deux tiers du revenu médian et représentent 14% de la population française. Ce sont 2,8 millions d'enfants, qui vivent dans des familles sous le seuil de pauvreté, 1,4 million de salariés, 1,1 million de chômeurs, 1 million de retraités, 800 000 étudiants, 500 000 actifs indépendants.

Ce taux de 14% diminue légèrement aujourd'hui, avec les hausses des minima sociaux. Il y a plus grave qu'ici, avec la Roumanie (25,3%), l'Espagne (22,3%) et la Grèce (21,2%). L'Italie et le Portugal suivent, avec 20,6% et 19%. Il y a mieux, avec la Finlande (11,6%), le Danemark (11,9%), la Norvège (12,2%) et les Pays-Bas (12,7%). Avec un taux de pauvreté à 13,6% (Eurostat), la France se situe parmi les plus bas taux d'Europe, inférieur au 15,9% du Royaume-Uni et au 16,5% d'Allemagne. Et ce taux est le plus faible des pays les plus peuplés d'Europe.

On ne peut pas se satisfaire de ces chiffres et de ces comparaisons. Et c'est ici qu'arrive la « cordée » d'Emmanuel Macron, le 13 septembre 2018, dans son plan contre la pauvreté. « Un premier de cordée, il a une corde et il est rattaché à d'autres, et c'est à dessein que j'ai employé cette formule. Il y a toujours des gens pour ouvrir une voie, il y a des gens plus véloces, il y a des gens qui ont plus de chances, il y a tout un tas de raisons. Mais il en faut ! Et tirer sur la corde pour qu'il monte moins vite n'aidera pas ceux qui restent en bas, c'est faux… Mais… celui qui monte se souvient qu'il a une corde, et cette corde, elle sert à quoi ? A l'assurer : il n'y a personne qui est premier de cordée, si le reste de la société ne suit pas ».

Nous sommes dans le Personnalisme d'Emmanuel (tiens !) Mounier et chez le Nobel Amartya Sen, entre philosophie et économie. Les travaux de ce dernier décrivent les rapports complexes qui nous unissent : pas seulement économiques, psychologiques et moraux aussi, ils fondent le succès des sociétés dans la durée. Avec Sen, rien n'est possible si chacun n'est pas concrètement libre de décider, pour s'épanouir. Il faut d'abord qu'il soit en bonne santé, bien nourri et logé. Il faut qu'il ait ces « capabilités » de base (Sen), pour manifester et accroître ses capacités, notamment financières, mais pas qu'elles. Pour Sen, il faut aider, pour libérer.

Du Rocard ? Sa loi RMI précisait : « *Lors du dépôt de sa demande, l'intéressé reçoit une information complète sur les droits et obligations de l'allocataire et doit souscrire l'engagement de participer aux activités ou actions d'insertion dont il sera convenu avec lui dans les conditions fixées à l'article L.262-37 ». Mais où sont les vérifications et les sanctions, à côté des incitations ? Et le RMI devient RSA (la solidarité se veut Active) et le nombre d'allocataires de minima passe en métropole de 2,8 millions de personnes en 1990 à 3,8 en 2016.*

Après Sen, Mendes France et Rocard, Macron s'engage ainsi dans les capabilités : petit déjeuner, repas à la cantine, gardes, crèches, classes dédoublées, logements à réhabiliter, Parcoursup, formation jusqu'à 18 ans, apprentissage, refonte des allocations chômages et des minimas sociaux… avec des engagements d'insertion. Ne pas enfermer dans l'assistanat et se mettre en position de retrouver une activité productive : oui. Mais dans la cordée, la confiance n'exclut pas la vérification.

23 septembre 2018

16. MERCI DONALD TRUMP !

Illustration : Gage Skidmore (CC BY-SA 2.0)

Merci de nous ouvrir les yeux et de ne pas nous laisser bercer par tous nos politiques, entreprises et médias. Vous avez écrit « l'art du deal » : on comprend bien que, dans votre esprit, ce n'est pas celui de la diplomatie. On comprend même mieux, de jour en jour, ce que promettait ce livre : « La plupart des gens pensent petit, parce que la plupart des gens ont peur du succès, peur de prendre des décisions, peur de gagner… Et cela donne pour des gens comme moi un grand avantage (…) je ne reste pas concentré sur une opportunité ou une approche. Comme un jongleur, je lance un maximum de quilles en l'air et si je n'en rattrape qu'une, elle me rendra riche ».

Avec vous, la subtilité n'est pas de mise, le rapport de force est direct et brutal. Vous savez que votre ennemi est la Chine, par la taille de son PIB bientôt, par le nombre de ses amis politiques (souvent ses créanciers) chez les émergents, par sa politique de promotion du yuan, destinée à soustraire plus de transactions au dollar, autrement dit à vos juridictions extraterritoriales.

La Chine est donc l'ennemi à abattre, pas directement (malheureusement), mais sous des angles multiples, de façon à l'affaiblir. La Chine, bien sûr, a compris. Elle fait plus de crédits en interne pour continuer à croître et limiter ainsi, autant que possible, son ralentissement. Elle fait aussi plus de crédits en externe pour accroître le nombre de ses obligés, pris dans ses « routes de la soie ». Vous le savez, donc vous essayez de la faire ralentir en taxant ses exportations, en protégeant vos droits de propriété et en surveillant son yuan, pour qu'il ne baisse pas par rapport au dollar. Donc qu'il monte avec lui. Votre objectif est clair : si la Chine ralentit, plus de ses crédits aux entreprises publiques deviendront encore plus « douteux » que maintenant. Elle achètera moins aux pays auxquels elle a prêté, organisant leurs difficultés économiques, puis financières, qui seront bientôt les siennes.

Avec vous, nous comprenons aussi que vous n'aimez pas l'Union européenne. Le mot savant de cette détestation est « multilatéralisme ». Vous préférez le bilatéralisme, la discussion franche, entre hommes. L'un sera les Etats-Unis, vous, l'autre en face sera Malte, ou l'Autriche, ou le Montenegro, bientôt la France, puis l'Allemagne, entre égaux. Vous ne divisez pas pour régner, bien sûr ! Vous nous dites que vous cherchez des relations « équilibrées » entre partenaires, même de poids différents. C'est tout un art !

Bien sûr, vous devez alors renégocier les accords signés par votre prédécesseur avec vos voisins, des accords qui avaient suivi des années de discussion. Pas le temps avec vous : sous la menace de hausses des droits de douane (entre autres), vous leur demandez de signer votre nouveau projet, après quelques semaines d'échanges, ou bien d'affronter la récession. Vous vous dites que les entreprises américaines reviendront un peu plus chez vous, que les mexicaines céderont plutôt à la pression, les canadiennes tout à fait. Cette pédagogie va aussi éclairer le Royaume-Uni, qui commence à comprendre ce que votre soutien au Brexit veut dire.

Merci aussi de réveiller la zone euro, toute occupée à renforcer son marché interne et à traquer ses déficits budgétaires, quand vous lui dites qu'elle ne paye pas assez pour l'Otan. L'Allemagne est au courant désormais. Elle se souciera plus de son armée et d'une vraie surveillance européenne par rapport à la Russie, déjà bien connue pour ses immixtions informatiques et ses satellites espions. L'Allemagne écoutera avec attention ce que vous dites de l'euro manipulé, selon vous trop faible par rapport au dollar et qui aide ses Mercedes et BMW à rouler devant chez vous, à Washington et à New York. L'Allemagne sait bien que c'est dû à ses excédents commerciaux, mélangés aux déficits des autres. Il lui faudra donc consommer et investir plus.

La France vous remercie, enfin, de la réveiller au jeu mondial des puissances, elle qui préfère les anecdotes. Il est toujours compliqué et pervers, ce jeu, mais les batailles s'approchent, avec le ralentissement économique. Votre prédécesseur, Barack Obama, avait l'intelligence d'être trop gentil et de nous charmer. Pas vous ! Ici, nous regardons encore comment vous tapez sur l'épaule de Macron : vous semblez plus doux avec lui. Mais nous commençons à comprendre que, lui aussi, vous voulez l'affaiblir. Donc la France. Soyez avec nous comme avec les autres, et notre merci sera complet !

16 septembre 2018

17. UN PARFAIT ORAGE

A perfect storm, disent les Américains. C'est ce qui se passe quand, brutalement, le temps se couvre et que survient une crise majeure. Aujourd'hui, elle n'est « que » monétaire et financière et ne frappe « que » certains pays émergents.

Sans qu'on le dise, le spectre d'une pénurie de dollars avance dans le monde, avec la montée des taux courts américains et les attaques trumpiennes sur les échanges. Le peso argentin perd plus de la moitié de sa valeur depuis janvier, la Livre turque 35%, le real brésilien 20%, le rand sud-africain 15%, la roupie 10%. Sans compter le rial iranien et le petro vénézuélien… Et Donald Trump frappe désormais aux portes de la zone euro : il critique ses excédents commerciaux (les automobiles allemandes) et plaint l'Italie, exposée aux migrants !

Evidemment, ce parfait orage ne touche pas (encore) les Etats-Unis, ni leurs bourses, occupées à fêter les 1 000 milliards de dollars de capitalisation d'Apple et d'Amazon. Là, c'est l'euphorie.

Mais la France commence à sentir plus que des gouttes. Le Cac 40 est retombé à son niveau de début d'année, 6% au-dessous de son maximum de mai. Un ralentissement apparaît, avec un retournement du moral. La « convergence des flèches » anti-Macron fait son effet.

L'enquête auprès des entrepreneurs, réalisée en août par l'agence Markit, le montre. Elle annonce un mieux puis un brusque retournement des esprits. Acte I : « La croissance de la production s'accélère légèrement dans le secteur manufacturier français en août ». Acte II : « Malgré une reprise des dépenses des clients au cours de l'été, les fabricants restent prudents en matière d'embauche ». Acte III : « la confiance des fabricants français chute à son plus faible niveau depuis la fin de l'année 2016. Les tensions commerciales mondiales… font craindre un ralentissement de la croissance au cours des douze prochains mois. »

Déjà la croissance hésitait en début d'année. Avec 0,2% de croissance au deuxième trimestre selon l'Insee, on n'aura pas le 2% attendu en 2018, mais au mieux 1,7% (Bercy). Puis ce sera autant en 2019 et 1,6% en 2020 (Banque de France). La Banque de France a beau dire que la France est « au-dessus de son potentiel », cette gentillesse technique n'aide pas, d'autant qu'elle ajoute que ceci finira en 2019. 1,6% : c'est notre potage « potentiel », avec un taux de chômage à 8,2%, comme avant la crise !

Voilà de quoi nous inquiéter de la météo, sachant que nous ne sommes pas les seuls. Les psychologies des patrons français rejoignent celles des patrons européens, toujours selon Markit. « Les perspectives de croissance se sont de nouveau repliées au cours du mois (d'août), affaiblies par la plus faible expansion du volume des nouvelles commandes depuis deux ans et par des inquiétudes croissantes quant à l'évolution de la conjoncture économique. » On retrouve les *usual suspects* : « moindre hausse de la demande sur les marchés étrangers et plus grande aversion pour le risque… le risque de guerres commerciales et les conséquences néfastes de l'imposition de tarifs douaniers, conjugués au Brexit et autres inquiétudes politiques, pesant sur la confiance des entreprises. »

Fragilisée aux côtés d'une Allemagne qui ne comprend pas ce qui lui arrive, la France doit trouver assez de force pour se réformer, avec une météo qui n'aide pas. En effet, chacun va s'accrocher plus encore à ses acquis. Tout s'ajoutera : les critiques des extrêmes et autres opposants, des aigris qui ne se jugent pas assez récompensés, plus les remarques de ceux qui veulent se faire voir, plus les « affaires », anecdotes et autres *bugs*. La sainte alliance de ceux qui veulent plus de fonctionnaires et de ceux qui en veulent moins, rester dans la zone euro et la quitter, va peser.

Maintenir le cap des réformes à faire pour moderniser le pays, en l'insérant dans la révolution technologique de l'information, est rude. Les entreprises doivent changer, tout comme les administrations ! Il faut que le capitaine devienne plus pédagogue certes, l'équipage plus uni et robuste aussi. « Gouverner c'est choisir » bien sûr, comme disait Mendès France, mais choisir est plus compliqué que jamais, car plus contradictoire que jamais. C'est le long terme par rapport au court terme, dans cette purée de pois !

Expliquer ce qui se passe, avancer et cantonner l'orage avant qu'il ne s'étende : bourses, croissance, chômage, migrants, c'est maintenant. C'est possible, sauf si on croit qu'il suffit d'affaiblir le capitaine, sans avoir de second.

9 septembre 2018

18. L'EURO EST-IL MANIPULÉ ?

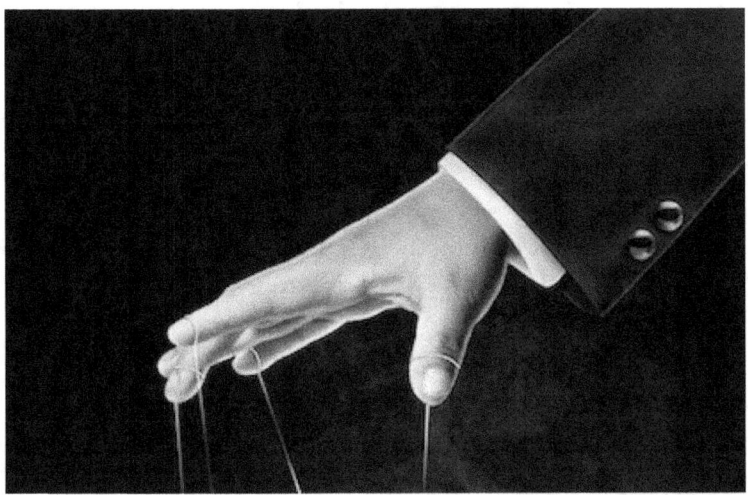

« Oui bien sûr », tweete le Président Trump le 20 juillet. « Chine, Union européenne et autres ont manipulé leurs changes et leurs taux d'intérêt à la baisse, pendant que les US montent leurs taux et que le dollar devient chaque jour plus fort, ce qui nous prive de notre gros avantage compétitif. Comme toujours, pas un jeu égal ». Il reprend ce message fin août, d'autant plus qu'il voit la Banque centrale américaine monter ses taux en septembre et en décembre, en attendant 2019.

« Non bien sûr », écrit le Trésor américain dans son rapport sur les politiques de change de 2017. Pour rendre ce verdict, opposé à celui du Président, le Trésor s'intéresse à des pays qui manipulent leur monnaie selon trois critères : en étant excédentaires avec les Etats-Unis pour au moins 20 milliards $, en ayant un excédent de compte courant d'au moins 3% de leur PIB, en achetant des devises étrangères pour au moins 2% de leur PIB sur 12 mois, donc en vendant la leur pour la faire baisser. Mais aucun pays ne coche ces trois cases ! Bien sûr, Chine (375 milliards de dollars), Japon (69), Allemagne (64), Inde et Corée (23 milliards chacun) ont plus de 20 milliards $ d'excédents commerciaux, sans oublier Mexique (71) et Italie (32). Bien sûr, les excédents des comptes courants pèsent plus de 2% du PIB pour l'Allemagne (8,1% !), la Corée (5,1%), le Japon (4%) et surtout la Suisse (9,8%). Troisième critère : deux pays. L'Inde a acheté pour 2,2% de son PIB de devises, mais de façon transparente et pour regonfler ses réserves dit-elle. Ok ! Surtout, la Suisse a acheté des devises (dollar), pour 6,6% de son PIB ! Mais, même si elle essaie de faire baisser son Franc Suisse, il reste fort et le pays très exportateur ! Manipulateurs, ces Suisses, ou dans un paradis fiscal ? Le Trésor américain va les surveiller. Mais ce diable de Yuan est stable et la Banque centrale chinoise vient d'indiquer qu'un mécanisme (?) l'empêchera dorénavant de baisser !

Chou blanc : pas un seul vrai manipulateur. Mais, quand même, le Trésor américain les prévient tous. La Chine doit faire plus de réformes (*pro market* bien sûr), consommer plus, investir moins. Le Japon doit mener des réformes structurelles, pour soutenir sa croissance. La Corée doit encourager sa demande interne, et faire monter le Won. L'Inde a assez de réserves : la roupie doit monter. Et la Suisse doit vendre de ses réserves pour faire baisser le Franc suisse, ce refuge surfait.

Et l'Allemagne ? Quelle manipulatrice cachée de la monnaie celle-là, puisqu'elle n'en a pas en propre ! C'est pourtant elle, le premier excédent en compte courant du monde ! Le Trésor américain lui demande alors de soutenir sa consommation et son investissement – donc d'importer plus, tout en baissant la fiscalité à la consommation – donc de réduire son excédent budgétaire. C'est le Trésor US qui parle ! A moins que ce ne soient le FMI, Bruxelles ou ses collègues de la zone euro !

Oui, l'euro est manipulé, mais dans deux sens qui se compensent. Il est faible pour ceux qui exportent beaucoup (on aura reconnu l'Allemagne) et fort pour ceux qui n'y arrivent pas (on aura reconnu la France). Il échappe ainsi au radar américain, puisqu'il est, dans son ensemble, de 3% inférieur à sa moyenne calculée en termes réels sur 20 ans et de 1% supérieur au dollar sur la même période. Pas de quoi fouetter l'euro donc, et pourtant…

Côté Allemagne, le mark, s'il revenait, serait supérieur d'au moins 15% face à ses excédents ! L'euro aide donc l'Allemagne à exporter beaucoup, d'autant qu'elle ne consomme ni n'investit assez en infrastructures et dépenses militaires. Et donc, puisqu'il n'y a qu'un seul euro, il est trop fort pour les autres ! Ils exportent et avancent lentement, mais ne disent rien ! Alors l'Allemagne continue de manipuler l'euro à la baisse et à son avantage, ce qui fait monter les tensions dans la zone. De cela le Trésor américain ne dit mot, sauf s'il souhaite l'accident.

Donald Trump ne tweetera donc pas que l'euro-allemand est manipulé à la baisse, alors que c'est vrai, un peu parce c'est compliqué pour lui, plus parce que c'est notre faute. Alors nos taux d'intérêt à court terme restent ici à zéro pour soutenir la reprise. Alors l'épargnant allemand va se plaindre, des bulles immobilières et financières grossir, mais l'euro reste faible. Ce qui aide l'Allemagne !

Pire, avec ces taux si faibles, plus la peine de faire des réformes, mieux vaut s'endetter : « l'Allemagne paiera » ! C'est risqué, de manipuler.

2 septembre 2018

19. BATAILLES À L'HÔPITAL MONDIAL !

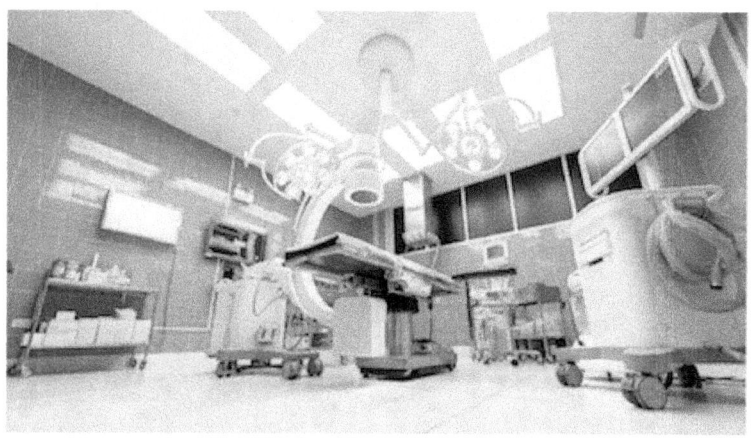

Ce serait ridicule, si ce n'était tragique. Voilà dix ans que la *Great Recession* américaine est officiellement finie : décembre 2007 - juin 2009. Nous avons vécu une crise très sévère, financière (la pire espèce) et mondiale (par contagion). Pourtant, plus le temps passe, plus le diagnostic de ce qui nous est arrivé se complique, et qu'on parle de séquelles.

Dans la plongée de la crise, nous avons payé l'excès de crédit immobilier et les *subprimes*, notamment américains. Nous avons pâti des fragilités de la construction, plus politique qu'économique, de la zone euro. Et le tout s'est passé au milieu d'une révolution technologique de l'information-communication : elle a partout bouleversé les rapports de forces ainsi que les filières de production et distribution. Plus grave, la remontée en « bonne santé » s'avère plus lente et complexe que prévu. Les docteurs sont toujours optimistes ! Les robotisations et désintermédiations suppriment les emplois routinisables, menacent les autres, inquiètent tout le monde. Un chômage durable s'installe avec une très faible progression des salaires chez beaucoup de patients, France par exemple, ce qui prolonge la convalescence et préoccupe. Plus étrange aux États-Unis, sortis les premiers de crise et en plein emploi avec un taux de chômage de 3,9%, les salaires augmentent de 2,9%... comme l'inflation. Un plein emploi sans vraie hausse du salaire réel ! L'économie américaine mobiliserait d'anciens salariés, moins formés et moins productifs, donc peu payés. Ceci pèserait sur tous, mais jusqu'à quand ?

Au fond, les guéris ne sont pas plus riches, même s'ils sont guéris depuis longtemps, et les convalescents ne sentent aucune amélioration, même s'ils le sont depuis longtemps ! Tout le monde s'énerve dans l'hôpital, sans compter que la Russie, le Brésil et surtout la Turquie viennent sonner aux urgences.

Comment donc sortir de cette crise, et de l'hôpital ? En acceptant le diagnostic et en suivant le traitement, sans se laisser distraire (au hasard) par les « affaires de l'Elysée », le feuilleton de notre été. C'est vrai : c'est plus compliqué d'affronter la réalité, et les efforts qu'elle implique, que de commenter les dépositions des responsables politiques et policiers devant les députés, pâles copies des *hearings* au Congrès américain !

Accepter le diagnostic, c'est se dire que la crise mondiale ne nous a pas tués, c'est heureux, mais nous ne sommes pas guéris pour autant. Guéris de quoi ? De la course à la croissance et à la richesse, qui pousse toujours les États-Unis, et nous derrière ? Guéris de la nécessité d'être les leaders du monde, qui obsède encore et toujours les États-Unis, cette fois après la Chine, ayant disloqué l'URSS ? Guéris de la montée des dettes publiques et privées, pour forcer la croissance chez soi, au détriment des autres dans des crises locales pouvant devenir globales, en oubliant le réchauffement planétaire et les migrations ? Non : nous ne sommes guéris de rien de tout cela.

Pire, au lieu de chercher à se renforcer ensemble pour sortir de crise dans une logique coopérative, nous défaisons les accords et pansements anciens, qui avaient fait la croissance d'après-guerre. La course aux armements reprend, vers 1 800 milliards de dollars. Les États-Unis sont en tête, avec 610 milliards en 2017, avant de dépenser plus avec Donald Trump, pour l'espace désormais. La Chine suit, à 228 milliards de dollars. Puis viennent, loin derrière, l'Arabie Saoudite (69 milliards), la Russie (66), l'Inde (64 – en fort rattrapage, Chine oblige), la France (57), le Royaume-Uni (47) et l'Allemagne (44). Comme nous voulons tant la paix, nous préparons tous la guerre !

En plus des dopants guerriers, les calmants du crédit sont partout :

contradictoire médecine ! Les banques centrales maintiennent les taux au plus bas, poussant à s'endetter. Les Etats-Unis, pourtant « guéris », font remonter leur dette publique vers une fois le PIB et leur dette privée vers deux fois. La France à une dette publique égale à son PIB et privée à 2,3 PIB.

Pas surprenant que cette sortie de crise soit si compliquée. Le diagnostic n'est pas accepté, ni le traitement suivi : celui d'une économie privée plus efficace et formatrice. Au contraire, il ne s'agit pas d'aller mieux, mais de gagner en freinant la guérison des autres ! L'association hôpital + arsenal + course est une première. Pas surprenant qu'on parle tant de séquelles : au moins 10% de PIB perdus chez tous !

26 août 2018

20. LES ROBOTS N'AURONT PAS MON BOULOT !

Certes, on ne connaît pas bien l'ampleur de ce « risque robot », mais il existe. Entre 1 emploi sur 2 et 1 sur 7 seraient condamnés à brève échéance par l'automation dans nos économies avancées. C'est beaucoup, mais très variable. Pourquoi donc ?

2013 d'abord : deux chercheurs de l'Oxford Martin School, Carl Benedikt Frey et Michael Osborne, publient une étude affirmant que « 47 % du total des emplois aux Etats-Unis présentaient de grands risques de devenir automatisables ». Depuis, on ne compte plus les études tragiques sur le sujet. Toutes vont dans le même sens : plus de robots, moins de boulots. Chaque salarié en vient à regarder, activité par activité, son taux de remplacement prévu par des robots, comme s'il lisait sa table de mortalité !

2018 ensuite : mais la dernière étude de Ljubica Nedelkoska, Glenda

Quintini renverse la perspective. Publiée par l'OCDE, elle nous dit que 14 % des emplois « seulement » seraient « hautement automatisables ». 86% pourraient subsister, quitte à s'adapter ! Pour les Etats-Unis, 9% des emplois de 2016 « seulement » seraient menacés, soit quand même 13 millions. Et pourtant, l'intelligence dite « artificielle » et la robotique ne cessent de faire des progrès ! Que se passe-t-il donc ?

Tout le monde est d'accord : hors emplois de proximité, notamment dans les services à la personne, les robots « tuent » les emplois peu ou pas qualifiés. Ils sont routiniers, pour les salariés les moins bien payés, notamment dans le manufacturier et les activités physiques. Ces robots font en même temps pression sur les salaires d'emplois un peu plus qualifiés ou délocalisables. C'est bien pourquoi le risque d'automatisation est très variable : 33 % des emplois seraient fortement automatisables en Slovaquie, contre 6 % en Norvège ! « Le » risque d'automatisation ou « les » risques d'automatisation ? « Les ».

Risque Détroit et risque Est : voilà les deux grands « risques robots ». C'est d'abord le risque local du type Détroit, l'ancien épicentre américain de l'automobile. Il menace les zones industrielles avec forte densité d'emplois remplaçables. Vient ensuite le risque social, dans les pays industriels aux moindres qualifications, et surtout aux structures d'entreprises lourdes et complexes, même si les salaires y sont déjà bas : on aura reconnu les pays de l'Est. Ce qui est en cause, ce sont les entreprises en retard d'automation, insuffisamment productives, dans les zones industrielles (et agricoles). Préparation, simplification et formation massives donc : les pays et secteurs qui nous paraissent moins « touchés » ont en réalité pris de l'avance.

Risque jeune : méconnu, le risque d'automatisation le plus élevé concerne les emplois occupés par les adolescents ! Le lien entre automatisation et âge a en effet la forme d'un U : faible au centre pour les travailleurs de 30-40 ans, il monte du côté des travailleurs âgés, mais plus encore pour les jeunes. L'automatisation risque de se traduire bien plus par du chômage chez les jeunes que par des préretraites ! Certes, ce risque peut être contrebalancé par le fait que les jeunes passent plus facilement d'un emploi à un autre que leurs aînés. Surtout, dans la plupart des pays, ils sont plus qualifiés qu'eux, ce qui facilite l'adaptation à des emplois nouveaux, notamment à contenu technologique. Apprentissage massif pour les jeunes donc.

En fait, au-delà des améliorations des calculs et des études, il n'y a pas de « reflux de la destruction d'emplois par la robotisation ». D'abord et surtout, les entreprises se préparent, les formations s'adaptent, permanentes et initiales. Ensuite, pour les entreprises de petite taille desservant des marchés locaux, l'automatisation est de fait limitée, laissant place à la pluri-expertise. Restent les retards de formation et d'organisation, plus les salaires faibles : des problèmes économiques, sociaux et politiques.

Alors, pour se protéger des robots, il faudrait être bien et constamment formé, donc bien payé, ou moins payé dans de grandes entreprises, avec des emplois sans intérêt, ou dans des entreprises de taille moyenne, avec des emplois variés ou de proximité ?

Ne robotisons pas les réponses ! Oui les emplois vont changer, beaucoup disparaître, comme toujours mais plus vite. Mais attention à ne voir que le côté négatif des choses, sans voir ce qu'apporte cette révolution sur l'efficacité de l'industrie, et surtout des services. Si je sais m'y prendre, les robots aideront mon boulot !

19 août 2018

21. UN TRAIN (DE RÉFORMES) PEUT EN GÂCHER UN AUTRE

Réformer la France est obligatoire et dangereux : nous le voulons, sans le vouloir. Réformer suscite toujours une inquiétude sur la situation à venir et plus encore sur le futur, car c'est changer de situation, et surtout de trajectoire. Et comme si cela ne suffisait pas, Emmanuel Macron veut mener plusieurs réformes à la fois, pour « transformer » ! Pas un seul train, plusieurs ! Mais aucune réforme n'est isolée des autres, aucune n'est « faite », sous prétexte qu'il n'y aurait plus de remous à son sujet, pour cause d'ancienneté. Tout s'empile, donc tout peut se raviver.

SNCF, bac, apprentissage, CSG, retenue à la source, santé... chaque réforme est aujourd'hui liée à d'autres, très différentes, un wagon après l'autre, dans un même train. Plus elles s'ajoutent, plus le train se complexifie, ralentit, se fragilise. Chaque wagon, avec les inquiétudes et les oppositions qu'il suscite, met en jeu les attaches des autres et fait tanguer le tout.

Alors, pour réformer au mieux dans un train donné, il faut éclairer le wagon qui vient pour délimiter son « terrain » ! Éclairer, c'est séparer ceux, moins nombreux, qui doivent se réformer, des autres, *a priori* bien plus nombreux, qui vont en profiter. C'est donc différencier ceux qui peuvent s'opposer aux réformes (à la SNCF, au hasard) des autres. Les premiers savent qu'ils protègent leur statut (le *statu quo*), mais aussi qu'ils ne peuvent trop le faire, sauf à paraître corporatistes, alias égoïstes. Ils essaient donc de brouiller ou d'éclairer différemment le jeu.

Or c'est facile, car toute réforme est dissymétrique ! Elle fait des perdants, qui le savent bien, et des gagnants potentiels, qui ne le savent pas bien ou n'y croient pas. Pour eux, c'est plus diffus et plus tard. Les perdants vont donc lutter contre leur isolement. Ils se chercheront des alliés chez « les autres » et les voilà devenus défenseurs de « tous les services publics », des « territoires », des pauvres, des libertés, de la démocratie, contre le capitalisme, Bruxelles, le Medef ou « la droite », habillée en Macron. Les voilà grévistes par procuration, critiques en chef et, au moins, exportateurs des doutes sur les bienfaits attendus de la réforme.

Surtout, « l'effet train » joue. Les gagnants potentiels, incertains et troublés, peuvent se dire que ces « perdants » les défendent, contre le train suivant. Avec les réformes qui s'annoncent, plus celles qui ne s'annoncent pas, plus surtout les déformations et rumeurs, ils seront peut-être les perdants du prochain train ! Sans éclairage suffisant sur les enjeux précis d'une réforme, le risque est qu'à la fin il n'y ait plus de gagnant net visible. Le train va ralentir puis s'arrêter, ses conducteurs politiques « dégager », et le suivant restera à quai !

Ces risques sont inévitables : les réformes s'ajoutent, avec leurs oppositions. Une loi votée n'est jamais socialement acceptée par tous. On découvrira que des zadistes sont encore dans les champs, à Notre Dame des Landes. Le jour où la maréchaussée délogera les derniers, ils redeviendront victimes, cherchant de l'aide, attirant médias et réseaux sociaux. Toute réforme fatigue, même bien présentée, même largement favorable à la majorité, même assez bien acceptée ! Et toutes nous renvoient à ce que nous n'avons pas fait. C'est la pile de nos travaux en retard !

Et aujourd'hui le pire est devant nous, avec le train de la retraite. C'est le plus complexe, le plus mal commencé (avec la CSG), le plus mal expliqué, et politiquement le plus dangereux. D'abord, les retraités ont plutôt voté Macron, pensant que ce jeune homme les aiderait, leur faisant en tout cas moins peur. Surtout, les retraités ne peuvent se refaire en travaillant plus, en demandant une hausse, en changeant d'employeur, voire en manifestant. Ils se savent affaiblis, mais « forts de leur bon droit » : celui d'avoir cotisé. Ce droit existe, mais il est surtout moral et politique, entrant dans la suite des générations qui font la France. Il est difficilement quantifiable, entièrement fonction de la croissance à venir. Et la réforme devient alors le bouillon de culture des *fake news* ! Exemple : « on » nous assure que la retraite par points, complexe et qui se mettra en place dans les trente prochaines années, va arrêter tout de suite les retraites de réversion !

Réformer, c'est expliquer wagon par wagon, pour ne pas s'arrêter. Et quand on prépare le train suivant, il faut tout revérifier, pour éviter la collision ou un « effet Montparnasse ».

12 août 2018

22. PASSEZ LE BAC ÉCO 2018 !

Le salaire résulte-t-il uniquement de la confrontation de l'offre et de la demande sur le marché du travail ?

Ah, si on pouvait répondre : « oui » ! Si « le salaire » pouvait traduire toutes les conditions monétaires et non-monétaires dans lesquelles « un salarié » (sans parler des autres) accepte (comment ?) d'échanger son temps (lequel ?) contre une activité codifiée, régulée (laquelle ?), avec un certain degré d'obéissance (lequel ?) et pour quelle durée ! Ah, si on pouvait savoir ce qui se joue dans l'offre de travail de l'entreprise, ses besoins précis, mais de combien, ses projets, ses attentes ? Ah, si on pouvait connaître ce qui se vit dans la tête de celui « qui demande du travail » : rémunération, avantages (cantine, intéressement, Comité d'Entreprise…), place dans la hiérarchie, possibilités de carrière et de formation, sans oublier l'ambiance, la qualité des relations sociales, l'image de l'entreprise, la « distinction », si importante, qu'elle offre à chacun ? Ah, si « un » prix se déterminait sans problème, entre celui qui, en théorie, veut plus d'argent, le salarié, et celui qui veut donner moins, l'entrepreneur ! Ah, si on vivait dans un monde transparent, sans « asymétrie d'information » ni « aléa de moralité », donc sans « comportement caché » ni « action cachée » !

Mais non, aucun prix ne résulte « uniquement de la confrontation de l'offre et de la demande », ni pour aucun bien ou service d'ailleurs, et moins encore pour « le salaire » sur « le marché du travail ». Et c'est heureux !

C'est heureux, dans ce monde économique et social de plus en plus complexe, qu'aucun prix ne dépende « uniquement » d'une confrontation entre offre et demande. Il faudrait que le produit soit simple, « le travail » contre « le salaire », avec de part et d'autre des agents informés et rationnels ! Nous serions dans les marchés parfaits du modèle néo-classique, celui qui donne des résultats dont la réalité s'écarte, par construction. Cependant, ce modèle sert doublement : par ce qu'il simplifie, et parce qu'il simplifie ! Le passage à la réalité se fait en ajoutant des contenus à l'accord, mais en pensant aussi au modèle original, comme une force de rappel.

C'est heureux, parce que la confrontation de l'offre et de la demande sur le marché du travail est complexe, chacun définissant ses objectifs, ses critères, avec un rang, voire un poids. Dans l'entreprise, cette recherche se fait en interne, en externe ou les deux. Le salarié, lui, crée une grille de choix plus ou moins élaborée, avec des aides, appuis, conseils et relations. Pour son premier emploi, les aides sont multiples : famille, amis, réseaux, enseignants, bureaux des centres de formation, sites des entreprises ou « sites de rencontre », allant de Pôle emploi aux plateformes spécialisées par métiers, plus les « petites annonces ».

Quand le salarié envoie son CV (pour les entreprises privées), il ajoute sa lettre de motivation. L'entreprise accuse réception, répond si elle est, ou non, intéressée. Si oui, elle analyse les profils, les hiérarchise, rencontre des candidats, organise des réunions, jusqu'à la décision finale, où s'affinent les modalités, salariales et non salariales, du contrat.

Souvent, pour des emplois importants ou spécialisés, l'entreprise confie son offre à un cabinet de chasseurs de têtes. Il ira « extraire » le salarié d'une entreprise où, par hypothèse, il réussit. Le processus sera plus subtil, délicat et coûteux.

On voit donc que l'embauche varie selon l'âge, notamment selon le premier emploi, la formation, le secteur, l'entreprise, le lieu et bien sûr le CV. En général, pour le premier emploi, c'est le demandeur qui a l'initiative : c'est lui qui cherche. Puis, pour des postes plus spécialisés ou de responsabilité, c'est bien souvent l'offreur qui est chercheur !

Surtout, l'accord doit se tester dans la durée pour vérifier et renforcer, non seulement les aptitudes techniques, mais plus encore les attitudes. C'est bien pourquoi les salaires montent, avec la maîtrise technique, mais surtout relationnelle. Elle légitime les prises de responsabilité, les salaires et les risques, pris de part et d'autre. Ainsi, pour les dirigeants très bien payés, le départ peut être immédiat : le salaire en tient compte.

Bref, heureusement que rien n'est simple !

Nota : pour avoir une très bonne note, vous répéterez que la théorie néo-classique ne répond pas à la réalité, que les syndicats sont nécessaires et un Etat régulateur indispensable.

5 août 2018

23. MARX, RÉVEILLE-TOI !

Karl, tu nous l'avais toujours dit : le Capitalisme, sous l'effet terrifiant de « la loi de baisse tendancielle du taux de profit moyen », que tu avais découverte, courait à sa perte. L'investissement toujours en hausse, la concurrence toujours plus forte et le prolétariat toujours plus puissant sonneraient le glas économique, puis politique, de ce système honni. Certes, tu as toujours été prudent dans ta prévision. A cette loi de baisse du profit, qui t'a fait entrer dans l'histoire, tu as toujours ajouté « tendancielle » et « moyen », histoire de ne pas être contredit pas des statistiques ou par la bourse ! Mieux encore, tu as ajouté des « contre-tendances » : innovations – qui redonnent du souffle à des secteurs, découvertes – qui ouvrent de nouveaux espaces, collaboration de classe – qui permet au salaire de baisser. Alors « la tendance » s'éloigne un temps, mais c'est pour mieux revenir ! C'est bien pourquoi tu t'es installé à Londres, lieu où la révolution devait gronder, et lieu où tu reposes.

Or qu'elle n'est pas notre surprise, cher Karl, en lisant une récente étude du FMI (*The rise of Corporate Giants* de juin 2018, par Federico J. Díez et Daniel Leigh) que c'est l'inverse qui se passe. L'étude est fouillée. Elle porte sur les sociétés cotées de 74 pays pendant trente ans et calcule que le profit monte partout, surtout dans les pays développés, et plus encore aux Etats-Unis ! Certes le Royaume-Uni n'est plus celui de ton temps : mais il a été remplacé par plus gros et fort encore, les États-Unis. Encore un coup de la contre-tendance ! Et ces États-Unis ont subi de graves crises dont ils se sont toujours relevés : contre-tendance encore ! Et les voilà, après cette Grande récession de 2007 qui avait fait craindre le pire, qui avancent plus rentables que jamais : contre-tendance toujours !

De fait, ce FMI, pourtant soumis aux « puissances d'argent », n'en revient pas lui-même. Les grandes entreprises mondiales cotées des pays développés gagnent de plus en plus d'argent ! L'écart entre les prix de vente de leurs produits et ce que leur coûte une unité supplémentaire pour les faire (taux de *mark up*) ne cesse d'augmenter, à la différence de ce qui se passe dans les pays moins développés. Depuis 1990, ce taux de marge a augmenté de 40% dans les grandes entreprises des pays « riches », contre 5% pour celles des pays émergents et « pauvres ». 35% d'écart en 25 ans ! Karl, pourquoi cette montée ? Pourquoi cet écart ? Tu nous avais toujours dit l'inverse !

D'accord, il y a les contre-tendances ! La première est évidemment la révolution technologique en cours, celle de l'information et de la communication. En peu d'années, rien à voir avec la vapeur et l'électricité, elle a permis aux États-Unis d'éclatantes réussites : les GAFA. Ensuite, elle a créé une véritable monopolisation, au niveau du monde cette fois. Aucun précédent. Ces superstars attirent de plus en plus de ressources financières et surtout intellectuelles pour financer leurs logiciels – qui écrasent les autres, pour étendre leurs réseaux de clients et d'amis – qui asphyxient les autres, pour acheter des start-ups prometteuses – qui tuent dans l'œuf tout risque de concurrence. Tout va donc, de plus en plus, à quelques vainqueurs, peu ou pas aux autres, et la part des salaires dans la valeur ajoutée baisse !

Pire, ces entreprises superstars font de leurs « salariés » des millionnaires, et conduisent les autres à des conditions de plus en plus précaires : du travail certes, mais pas de salaires dignes, dans des emplois peu ou pas qualifiés.

Pire, ces entreprises superstars sont si riches qu'elles n'investissent pas !

Tu me diras que c'est pour ne pas faire baisser leur taux de profit ! En fait, elles rachètent leurs actions parce qu'elles ne trouvent pas d'investissements assez rentables ! Le profit se concentre alors dans quelques groupes qui affaiblissent les autres et s'asphyxie lui-même ! Tu ne nous avais pas dit que le capitalisme serait plus menacé par les monopoles que par des salariés… nationalistes ! Que les États-Unis continueraient d'avancer et de nous forcer à les suivre, face à une nouvelle puissance économico-politique… la Chine. En économie, elle concentre les pouvoirs autour de quelques-uns, moins nombreux qu'aux Etats-Unis. En politique, elle se réclame de… toi !

Marx, réveille-toi ! Dans le capitalisme, les salariés sont patrons. Dans le communisme, les dirigeants exploitent les prolétaires !

29 juillet 2018

24. SURTOUT, NE ME PARLEZ PAS DE MA RETRAITE !

Quoi ! « On » ose nous dire que le niveau de vie moyen des retraités dépasse de 5,6% celui de l'ensemble de la population : voici les « riches retraités d'aujourd'hui » ! Quoi ! « On » ose nous annoncer qu'en 2070, les retraités d'alors auront un revenu compris entre 76,7 et 89,1% du revenu de la population d'alors : voilà « les pauvres retraités de demain » ! Nous allons passer de retraités 5,6% plus riches que la moyenne à 17,1% plus pauvres !

Qui est ce « on » qui fait de tels calculs ? Le COR ! Le quoi ? Le COR, Conseil d'Orientation des Retraites, un organisme décisif, dont on ne parle donc pas. Normal : il tient des propos graves sur notre avenir et surtout « techniques », pas « politiques ». L'inverse de ce qu'on aime.

Ce COR a tous les attributs du sérieux : créé en 2000, c'est une « instance indépendante et pluraliste d'expertise et de concertation, chargée d'analyser et de suivre les perspectives à moyen et long terme du système de retraite français ». Aïe ! « Il comprend quarante membres : son président, huit parlementaires, sept représentants de l'État, seize représentants des organisations syndicales et professionnelles, deux représentants des associations familiales et de retraités et six personnalités qualifiées ». Aïe !

Pire, chaque année il publie un gros rapport, plein de graphiques et de calculs. Présenté aux partenaires sociaux et aux politiques, ils demandent toujours d'autres scénarios, roses ou gris foncé, pour n'inquiéter personne et donner le sentiment que rien n'est écrit. Puis vient la presse, avec quelques articles. Puis silence, jusqu'à l'an prochain !

Nous pensons que nous avons « droit à la retraite », ce qui est vrai, « parce que nous avons cotisé », ce qui est faux. Notre système de retraite « par répartition » fait que ceux qui travaillent aujourd'hui cotisent aux caisses de retraite qui « répartissent » les sommes collectées aujourd'hui aux retraités d'aujourd'hui. C'est bien pourquoi il est en déficit ! Et demain ? Il faudra savoir combien de travailleurs cotiseront, et de combien ils alimenteront ce qui sera réparti entre les retraités de demain ! Notre système dépend de ce qui se passera demain et après-demain, du nombre de salariés et de leur productivité par rapport au nombre de retraités et à leur espérance de vie. Que d'inconnues !

Commençons par une bonne nouvelle : l'espérance de vie à 60 ans augmente, indication du nombre d'années où nous toucherons cette retraite. Pour les femmes, elle passerait de 27,5 ans en 2016 à 33,6 en 2070 et de 23,1 à 31 ans pour les hommes. Entre 6 et 8 ans de vie de plus, c'est bien !

Oui, si le niveau de vie suit. Et c'est là que le bât blesse. Pour que ce niveau de vie suive, il faut plus de cotisants, et surtout plus productifs, pour payer plus de retraités, qui vivront plus longtemps. Or la démographie flanche, avec la baisse de la fécondité. Elle est prévue à 1,95 enfant par femme sur la période de projection, avec une hypothèse haute à 2,1 (rose) et une hypothèse basse à 1,8 (gris foncé). Et les derniers chiffres vont vers l'hypothèse basse : 1,88 en 2017. En 2070, il y aurait en moyenne 1,28 personne entre 20 et 64 ans, pour une de 65 ans et plus. Dans le scénario optimiste, ce serait 1,5, mais 1,07 dans le pessimiste. Et, en 1990, ce chiffre était proche de 3, et il dépasse 2 actuellement ! Avec la crise française de la démographie, nous sommes mal embarqués. Mais gardons le moral !

Oui, nous allons vieillir plus longtemps, avec moins de jeunes autour, mais, au moins, aussi bien que possible ! Pas sûr : tout dépendra de la progression annuelle de la productivité, base de la croissance. Elle pourrait varier de 1% à 1,8% selon le COR. 1,8%, c'était sa moyenne entre 1980 et 2017, assez rose, mais 1% sa moyenne entre 2010 et 2017, plus grise. En

2070, l'écart entre ces deux hypothèses donnera... 40% du PIB !

1. Même si les jeux restent (politiquement) ouverts, ils jouent sur quatre cartes : plus d'enfants, cotiser plus, partir plus tard (63,9 ans en 2070 ?), percevoir moins. Le rapport n'envisage pas l'apport de l'immigration, fixé à 70 000 personnes par an jusqu'à 2017. *Touchy*. Surtout, il ne nous dit pas l'essentiel : comment être plus productifs ? Travailler mieux, se former, maîtriser les outils de communication ? Au lieu de craindre des robots qui nous mettraient au chômage, mieux vaudrait qu'ils nous aident à augmenter notre PIB de moitié dans cinquante ans ! Plus de robots, pour plus de retraite !

22 juillet 2018

25. EN ATTENDANT LA RÉCESSION AMÉRICAINE DE 2021

Elle finira par arriver. Et tout sera fait pour qu'elle se déclenche courant 2021... après la réélection de Donald Trump, dont le mandat s'achève le 20 janvier 2021. En effet, pour réussir autant que possible les élections intermédiaires de novembre 2018 et préparer la campagne de 2020, il faut absolument que l'économie – et la bourse – « tiennent ». C'est la base de la stratégie économique, fiscale, financière et sociale de Donald Trump, avec son volet monétaire géré par la Banque centrale américaine, alias Jerome Powell, son patron. Calcul conspirationniste, rêve, cauchemar ? En tout cas, c'est la meilleure base de travail pour imaginer les mois à venir.

Aujourd'hui, tout va ! Jerome Powell ne tarit pas d'éloges sur l'économie américaine. Sa croissance est solide. Elle va vers 2,8% cette année, puis un peu moins : 2,4% en 2019, 2% en 2020. Cette situation obéit aux deux objectifs de la banque centrale : les États-Unis sont en plein-emploi, avec un taux de chômage vers 3,8% cette année, puis 3,6% (un record), et à leur cible d'inflation : 2,1% pour les prix à la consommation des ménages (hors nourriture et énergie).

Et tout va mieux, depuis longtemps ! L'économie américaine est sortie de récession en juin 2009, selon le NBER (*National Bureau of Economic Research*). 97 mois d'expansion : c'est la quatrième durée dans l'histoire économique américaine et, aussi, depuis la seconde guerre mondiale (les cycles antérieurs étaient plus courts) ! Le record absolu de longueur est de 128 mois. Donc, si l'économie « tient » jusqu'à la seconde prestation de serment de Donald Trump, elle aura avec lui (grâce à lui ?) connu le deuxième plus long cycle d'expansion de son histoire : 115 mois !

Mais la perfection n'est pas faite pour durer. Oui, fin 2020, l'économie sera « parfaite » selon les prévisions de la Banque centrale américaine : croissance à 2%, taux de chômage à 3,5%, inflation à 2,1%. Mais voici les nuages : toujours selon la Fed, les taux d'intérêt à court terme seront alors à 3,4% et les taux longs à 4% environ. Par rapport à la situation actuelle, la Banque centrale américaine aura donc augmenté ses taux courts 2 fois en 2018, 3 en 2019 et 2 en 2020. Ils seront passés de 2% aujourd'hui à 3,4%, et les taux longs de 2,9 aux alentours de 3,5%. La courbe des taux sera donc « plate », comme disent les marchés financiers... ce qui les inquiétera. Ce sera la seule ombre au tableau, une ombre financière, mais très menaçante.

En effet, si les taux courts sont égaux aux taux longs (courbe des taux « plate »), la prochaine hausse des taux courts les inversera. Les marchés se diront alors que l'économie subit un serrage et les investisseurs vont s'inquiéter. Fin 2020, les prévisions donnent l'image d'une économie « en forme » et d'une finance « aussi prête que possible ». Prête à plonger ?

Tout dépendra de l'évolution de ce monde, des rapports États-Unis-Chine, pas seulement des élections de novembre 2018, de l'enquête de Mueller sur l'influence russe dans l'élection passée de Donald Trump, de sa santé, de scandales et tensions qui l'entourent (y compris dans son mariage), de la stature du futur candidat démocrate... Le futur devient plus incertain, plus dangereux.

Alors Jerome Powell va jouer les prolongations. Comment ? Réponse : en montant les taux et en parlant plus souvent ! D'abord, il faut qu'il monte les taux, puisque la politique fiscale de Trump, par la baisse des impôts, accroît les revenus, donc l'inflation, et aussi le déficit extérieur, en augmentant la demande interne. En même temps, ses hausses des taxes à l'importation font aussi monter les prix. Ensuite et surtout, il faut qu'il parle plus, pour calmer les marchés. Tout se joue en effet sur les taux longs dans cette fameuse « courbe des taux ». La Fed, non seulement n'achète plus de bons du trésor mais vend les siens, au moment où le Trésor américain va en vendre plus que jamais, avec la montée du déficit budgétaire ! A qui : à la Chine ? Non bien sûr : elle vend ceux qu'elle a... un peu par nécessité économique, car elle ralentit, surtout pour envoyer des messages aux marchés, pour les alerter, et à Donald Trump, pour le prévenir qu'elle va continuer. La Fed va donc devoir monter les taux courts et calmer les taux longs !

Alors, mais seulement quand les choses iront moins bien et que Trump sera réélu, Jerome Powell baissera ses taux. Il ne les a fait monter que pour ça ! Alors Donald finira son mandat, et il faudra tout réparer.

15 juillet 2018

26. CHURCHILL ET DE GAULLE DISCUTENT DE MAY, MACRON ET AUTRES

Winston : Mon Général, avez-vous vu ce qu'ont fait Cameron et May ? Le premier a tiré contre l'Europe en visant son camp, puis la seconde s'aplatit devant Trump, qui veut parfaire le travail du premier ! Toujours du Chamberlain chez nos *Tories* !

Charles : Et chez moi, *Prime Minister* ! Celui qui a dit : « on n'imagine pas le Général de Gaulle mis en examen » l'est, et voulait me succéder ! Le candidat socialiste, qui proposait un Revenu Universel sans condition, découvre que notre pays est en déficit ! Reste ce jeune Macron, au centre et sans grande expérience, face aux successeurs de l'OAS. Heureusement, lui réussit assez bien et, elle, reste ce qu'ils furent ! Mais, vous, vous rêvez toujours à votre « relation spéciale » avec ces Américains. Or ils nous ont forcés à arrêter l'attaque que nous avions lancée, ensemble, contre Nasser et

sa nationalisation du canal de Suez, avec l'idée de prendre pied en Egypte !
Puis ce fut l'Irak, avec vous cette fois ! Et nous, nous regardons qui achète
notre dette. La politique de la France ne se fait plus à la Corbeille, mais sur
Bloomberg !

Ensemble : Triste, *sad*.

W: Il faut en sortir !

Ensemble : Oui ! *How* ?

Ch : Comme toujours, avec un homme ou une femme providentiel(le)
quand viendra la guerre !

W : Guerre contre qui ? Contre les Russes, qui nous ont aidés pour la
dernière, ou les Américains, qui nous ont finalement rejoints, mais après
avoir refusé, avec leur *America First* de l'époque et Charles Lindbergh ?

Ch : Oui, contre les Américains, pour les freiner, et pour leur bien –
contre la Chine, que j'ai été le premier à reconnaître en 1964… contre eux !
Étranges combats ! Mais vous vous souvenez que vous vous êtes battu à
l'époque, avec Roosevelt, contre cette *America First* qui nous revient avec
Trump ! Les Etats-Unis n'entendent plus être les garants des voies de
communication, donc de la paix mondiale, et de normes unifiées. Nous
allons vers plus de tensions et moins de croissance : la guerre !

W : Oui, les Etats-Unis font le calcul que leur hégémonie leur coûte trop
cher ! Rome n'est plus rentable ! Leur chef veut se barricader. Ses ennemis
– on dit : « partenaires commerciaux » – se regroupent et veulent profiter de
ses retraits, Chine en premier, mais elle souffre. Et nous, les *allied*, sommes
perdus, divisés, apeurés.

Ch : Ceci ne peut durer : nous devons avoir les armes de notre stratégie
et la stratégie de notre courage.

W : Mais… c'est malheureusement le cas ! En 1934, quand vous écriviez
« Vers l'armée de métier », vous parliez de soldats-techniciens et de chars.
Et aujourd'hui ?

Ch : Pareil : dépenser plus pour ce qu'il nous faut vraiment. Ni
infanterie, ni Ligne Maginot comme ce que voulaient les généraux de
l'époque (!), mais tanks téléguidés, satellites armés, drones, ingénieurs et
spécialistes en réseaux sociaux et désinformation.

W : les *Spitfires*, BBC, MI5 et MI6 d'aujourd'hui ! Davantage d'espionnage et de contre-espionnage, de protections contre les *hackers*, une alliance avec nos *geeks*.

Ch : Donc il faut investir et chercher plus, ensemble, déployer en Europe ces nouveaux moyens et ces nouvelles formations. Or nous sommes en retard pour les armes et le mensonge ! Et vous *brexitez* !

W : Peut-être que Theresa se rendra-t-elle compte du guêpier dans lequel elle est, entre des États-Unis qui l'attaquent par gazouillis (*tweets*) et une Chine qui veut nous enserrer dans toutes ses routes, de soie bien sûr !

Ch : D'abord, tout sera difficile en Europe sans les Anglais – et c'est moi qui vous le dis ! Ensuite, la stratégie Trump est infantile. Les Russes demanderont à réduire la pression sur eux en Europe, donc ils seront plus menaçants. Et ils ne s'opposeront jamais à leurs riches alliés Chinois !

W : Alliés chinois qui achètent nos entreprises, ports, radios et télévisions, avant de nous proposer de troquer « la liberté » contre « la stabilité » !

Ch : Et notre effort militaire a diminué de moitié en vingt-cinq ans. L'Allemagne investit pour ses automobiles et, ailleurs, les dépenses sociales ont explosé, dispersant les illusoires « dividendes de la paix » ! Comme si on allait vers « la paix perpétuelle » de Kant !

W : Et chez Kant, elle dépend surtout de la liberté de circulation des personnes et d'une Ligue des nations, notre ONU !

Ch : Quand on confond grande politique et art du *deal*, c'est dangereux.

W : Préparons-nous à la Cyberguerre !

Ch : Préparons-nous à la Résistance !

Ensemble : Heureusement qu'on est toujours là !

8 juillet 2018

27. MACRON, VAISSELLE ET « EN MÊME TEMPS » PISCINE

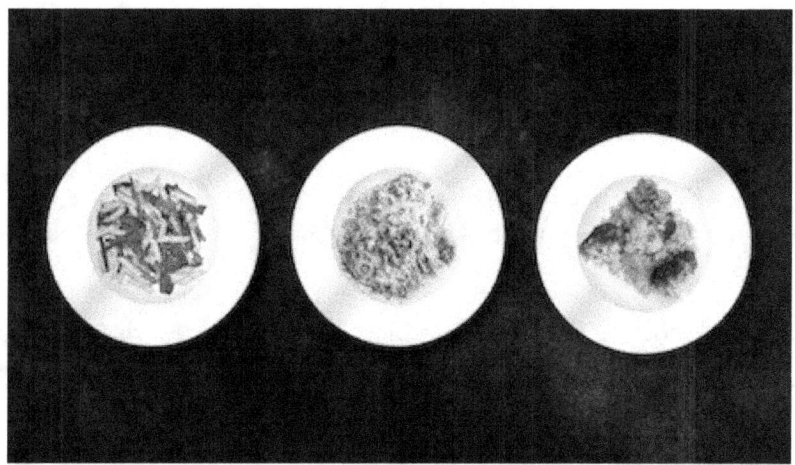

Le Président Macron s'énerve. Il se laisse appeler Emmanuel Macron par deux journalistes et s'offusque quand un gamin l'appelle « Manu » le 18 juin, au Mont Valérien. Il fait part de son désir de changer de vaisselle (qui date de Jacques Chirac et serait devenue insuffisante), en faisant appel à des stylistes français et à la Manufacture de Sèvres. Aussitôt vient le « combien ça coûte ». La réponse par la vente des produits dérivés de l'Elysée, comme à Buckingham Palace, dans une boutique à ouvrir, ne calme pas les questions. Puis vient « la piscine de Brégançon » : les questions fusent, lors d'une visite… en Bretagne !

Qu'il est loin le temps où le Président Mitterrand abritait Mme Pingeot, et leur fille, dans un appartement de la présidence, et les faisait protéger ! Celui où les Pompidou modernisaient (beaucoup) leur appartement à l'Elysée. Celui où Michel Rocard faisait creuser une piscine à La Lanterne, sa résidence de week-end !

La transparence a toujours un début, anecdotique, mais jamais de fin. On ouvre la porte, fait visiter, et... on veut tout voir ! Elle mène à l'envie, au voyeurisme, avec jalousie. Surtout, elle est contradictoire avec les décisions publiques, avec ce qu'elles impliquent de recherches d'informations, de discussions, consultations, tests et mesures avant de décider, pour pouvoir bien le faire. Le pouvoir doit avancer masqué, pour réfléchir, choisir, l'essentiel étant qu'il se découvre... quand il avance. Il recevra alors l'avalanche des critiques sur les orientations, erreurs et effets pervers de ses choix. Mieux vaut donc qu'il prépare le terrain puis explique, réponde, réagisse bien et, parfois, change.

De minimis non curat praetor : le chef ne se mêle pas des détails, disait-on à Rome. C'était du temps de César, avant le règne des *fake news* et d'Internet. Alors le pouvoir était fort, ce qui ne voulait pas dire les rumeurs faibles. Mais elles étaient moins nombreuses et véloces qu'aujourd'hui, et surtout moins résistantes à l'épreuve des faits, des données et des dates.

Aujourd'hui, *de minimis curat praetor.* Ceci ne veut pas dire qu'il ne doit plus oser et avancer, mais qu'il doit se soucier du détail. Pascal nous disait déjà qu'on n'écoutait pas un savant prédicateur mal rasé ! Aujourd'hui, avant de parler, il faut veiller à la robe (pour les dames) et à la cravate (pour les messieurs) si on veut, au moins, être écouté. Et il s'agit du monde, de la zone euro, du pays !

Le secondaire est primordial, si on veut que le principal soit audible ! Il s'agit bien sûr d'éviter d'être distant, lointain, jupitérien... mais de comprendre aussi que les êtres humains ne peuvent seulement vivre de hauteurs, géostratégie et G7 ! Ce qui est, peut-être, « petit » est aussi une manière de se rapprocher. Il faut la traiter avec soin, pour avancer sur le reste. Autrement, l'étiquette colle : Fouquet's pour Nicolas Sarkozy, « Président des riches » pour Emmanuel Macron.

L'exercice du pouvoir a changé. Le secret devient pratiquement impossible. Chercher, réfléchir à haute voix, commander des études... tout ceci alimente les réseaux sociaux. Les « analystes » prolifèrent, l'accès au commentaire est quasiment gratuit et la diffusion s'est développée pour moins cher encore ! Les démocraties classiques sont désemparées, les démocratures prospèrent. Et Fox News devient l'agence officielle de Donald Trump.

Alors : que faire en France ? Pas Fox évidemment ! Mais ne jamais s'énerver devant les questions désespérantes. Annoncer qu'on répondra d'abord aux questions sur les points A, puis B, puis C et les autres à la fin. Le Général annonçait le plan lors de ses conférences de presse ! Faire donc sa part au minuscule, pour le traiter… à part. Tout préparer avant une décision qu'on peut juger secondaire, mais qui a un côté concret, personnel, domestique, avec des règles aussi claires que possible. La boutique de l'Elysée, avec son site, offrira certains produits (*made in France*), sa marge allant pour moitié aux comptes de l'Elysée et pour moitié à la Fondation de France (pour n'avoir pas à choisir) ! Bouger les lignes d'accord, mais dire lesquelles et jusqu'où. Autrement le pouvoir se dissout dans la proximité, et avec sa capacité à réformer l'économie, sans faire grandir les capacités de chacun.

« Minable », quand on voit les problèmes qui nous cernent ? Non : le Français « n'est ni ange, ni bête » ! Donc ne pas lui demander de faire l'ange, pour limiter sa capacité à « faire la bête » !

1ᵉʳ juillet 2018

28. TRUMP : ART DU DEAL OU DU DÉDALE ?

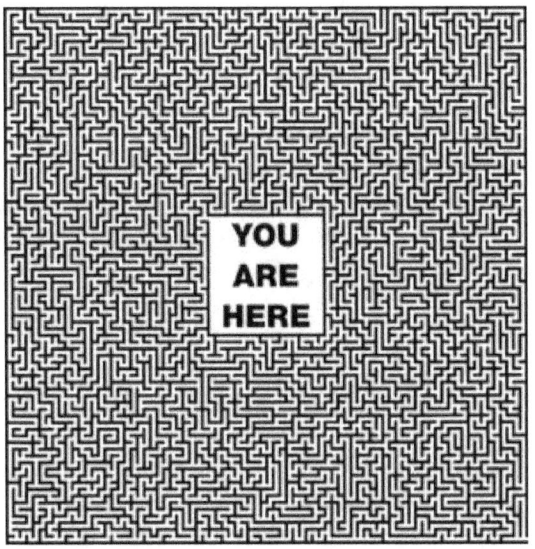

Trump a un point fort : être imprévisible. Il n'a cessé de le répéter dans sa campagne : les États-Unis sont trop prévisibles, ce qui les affaiblit dans les négociations. Pris dans leurs règles et lois, traités et amitiés, accords multiples, G7 et autres, plus les réseaux d'affaires et de production, ils ne peuvent bouger vite, *a fortiori* à contresens. Pas agiles, pas tactiques : un Gulliver enchaîné. Il faut casser cette logique. Etre imprévisible, c'est pouvoir aller aux deux extrêmes, et en même temps ! Kim Jung-un doit subir « le feu et la furie » de Trump, pour signer avec lui un accord le 12 juin ! Mais qui tire les ficelles ?

Trump sait partir (*Know when to walk away*). Les signataires du G7 au Canada en savent quelque chose, puisqu'il part avant la fin de la réunion le samedi 9 juin, et « revient » sur sa signature du compte-rendu :

« imprévisibilité » plus « claquer la porte » ! Mais c'est contre ses alliés !

Trump exploite sa puissance (*Use your leverage*) : première force monétaire, militaire et économique du monde, dans cet ordre. Les États-Unis gèrent la monnaie mondiale, le refuge de l'épargne, la monnaie de transaction par excellence, celle qui « fonde » l'exterritorialité de leur droit. Toute entreprise qui traite en dollar relève de leurs tribunaux !

Pour tout cela, il faut voir grand (*Think big*). C'est son programme : MAGA, *Make America Great Again*, au détriment des « autres ». Qui ? Tous ceux qui réduisent la puissance américaine en lui vendant plus qu'ils ne leur achètent (Chine, Allemagne…), en lui volant ses idées et produits (Chine), en empiétant sur les voies maritimes qu'elle contrôle (Chine), en investissant en armements (Chine encore, France-Allemagne bientôt). Voir grand, c'est ne pas hésiter à s'en prendre aux moins grands, Chine, Allemagne… pour les freiner dans leur expansion (prédatrice bien sûr).

Pas d'amis, pas de retenue : il faut rendre coup pour coup (*Fight back*). Taxer plus l'acier et l'aluminium (européen), taxer des centaines de produits chinois, en attendant les réactions. Celles de Chine seront proportionnées et se déclencheront au même moment (*tit for tat*), celles d'Europe se préparent et se négocient encore, celles du Japon se négocient seulement. La Chine n'hésite plus, dans son nouveau rôle de défenseur du commerce mondial et du multilatéralisme, à appeler les pays victimes de Trump à la rejoindre !

Jusqu'où ? L'imprévisibilité permet une victoire rapide mais tactique, au début. L'autre joueur va apprendre que l'adversaire joue à être imprévisible, extrême, violent. Il va réagir de manière différenciée, graduée. Surtout, il n'y a pas, dans notre monde, qu'un seul joueur. Il ne s'agit pas de « préférer » le bilatéralisme au multilatéralisme : il n'y a pas d'autre choix que de jouer à plusieurs, même si c'est plus compliqué.

En attendant, tout est en place pour une « montée aux extrêmes », pour reprendre Clausewitz, entre les deux puissances du monde actuel. Ce sera Sparte-Washington contre Athènes-Pékin. La « rivalité mimétique » de René Girard va jouer à plein, la politique plus accommodante de la Chine va s'épuiser, même si elle fera toujours assaut de mesure et de désir de trouver une solution globalement favorable. Les tensions vont se propager : la Chine va frapper les soutiens politiques des Républicains (agriculteurs), rameuter ses amis et obligés, discuter avec l'Europe. La mer de Chine va devenir une zone de risques majeurs. Mais l'arme nucléaire est la finance, avec d'un côté les bons du trésor américain, dont la Chine est le premier détenteur étranger, et le dollar d'un autre, avec les achats et ventes en dollars, qui passent par le système américain. La Chine vend un peu de titres américains, histoire de faire monter les taux longs, ce qui blessera tout le monde. Et les États-Unis peuvent créer des problèmes majeurs aux banques chinoises, ce qui sera pire !

Mais ce n'est plus le *deal* : c'est le dédale ! L'art du *deal* est d'éviter l'opposition, avec risque de ralentissement mondial, et de convaincre l'autre d'échanges rééquilibrés, bons pour tous. Du dédale, on ne sort qu'en suivant le fil (d'Ariane), ce qui suppose l'existence d'une sortie ! Autrement dit d'une solution commune, négociée, discutée. Avec la Chine, renégocier viril est indispensable. En matière d'échanges, Trump n'a pas tort et est le mieux placé pour agir. Mais pas seul, pas dans un affrontement sans borne ! Un bon *deal*, c'est s'arrêter avant d'aller au… *delà*.

24 juin 2018

29. MACRON, GARDEZ-VOUS À DROITE (ET DE SON POGNON) !

Impossible d'avoir raté cette note secrète envoyée au Président Macron, paraît-il à sa demande, et écrite par trois économistes qui le conseillent depuis le début (Philippe Aghion, Philippe Martin et Jean Pisani-Ferry) : elle était partout. L'idée centrale en est que « le thème de la lutte contre les inégalités d'accès, qui était constitutif de l'identité du candidat (Macron, bien sûr), est occulté... Beaucoup de soutiens du candidat expriment la crainte d'un recentrage à droite motivé par la tentation d'occuper le terrain politique laissé en friche par un parti Les Républicains en crise ». Chaque mot est pesé. Ainsi, le thème de la lutte contre les inégalités d'accès serait « occulté », pas abandonné bien sûr. Il ne s'agit pas du risque d'aller à droite, mais « d'un recentrage à droite ». L'occupation du terrain à droite affaiblirait toute alliance avec l'extrême droite, mais elle est politiquement (et moralement) risquée. Il faut donc continuer à « libérer », mais aussi à « protéger », pour aller vers un modèle scandinave, pas anglo-saxon, Macron.

Alors : Macron, gardez-vous à droite ? On aura reconnu la moitié de ce que disait le jeune Philippe, 14 ans, à son père Jean II. Il était entouré d'Anglais à la bataille de Poitiers, c'était le 19 septembre 1356. « Père, gardez-vous à droite ! Père, gardez-vous à gauche ! » Las, Jean II fut battu et dut se rendre au Prince Noir (fils aîné d'Edouard III). Tenu prisonnier en Angleterre, il est libéré trois ans et demi plus tard contre (forte) rançon, plus la remise en otages de ses deuxième et troisième fils et de son frère. En ces temps-là, il fallait se garder… de perdre.

Alors : Macron, taxez à droite ? S'agit-il d'une politique plus « classique » : rééquilibrer cette CSG augmentée des retraités, qui pèse tant, en différant la suppression de la taxe d'habitation des 20% les plus aisés (elle obèrerait l'équilibre futur des comptes publics) ? « Mieux » encore, faudrait-il rendre « progressive » la taxe foncière et taxer davantage les successions importantes… puisque, c'est connu, « les enfants des innovateurs sont souvent des rentiers » ? Bref, pour enlever cette étiquette de « Président des riches », il faut les faire payer.

Mais alors, Macron pourrait infléchir sa ligne. Ce serait le début… de la baisse de son originalité, de sa fin. Car le monde change, donc il faut lui répondre en changeant. Ce monde est celui de la révolution mondiale de l'information et de la communication, avec des groupes qui naissent en peu d'années, conquièrent le monde, amassent des fortunes pour leurs dirigeants, actionnaires, salariés, le solde ne payant pas d'impôt. Ce n'est pas en taxant plus les « riches » qui restent ici qu'on fera naître des Apple ou des Waze ! Etre une *start-up nation* n'est pas notre évidente destinée. Ceci demande une longue explication, surtout une vraie préparation. Car c'est parce que la France décroche dans les rangs mondiaux de la formation scientifique qu'elle perd pied dans la concurrence mondiale, augmente son chômage structurel, creuse ses déficits budgétaire et commercial. Faire la révolution sociale, c'est d'abord mener et réussir celle de la technologie, pour tous.

Macron, gardez-vous des inégalités, ou plutôt de la baisse des « capabilités » des Français, pour reprendre le concept fondamental du Nobel Amartya Sen ? La « société de compétences », la « finalité transformatrice » n'ont de sens qu'avec une « ambition émancipatrice ». Il ne s'agit pas d'opposer les aides aux personnes (« gauche ») aux aides aux entreprises (« droite »), autrement dit de retomber dans notre débat permanent, « dépassé ». Il s'agit de mieux former à ce monde qui bouge dans l'école, dans l'apprentissage, et en permanence dans l'entreprise. Il s'agit de renforcer les TPE et PME par l'échange interne et les réseaux et plus encore par le débat, notamment grâce à l'actionnariat salarié. Il s'agit aussi de moderniser les structures publiques, pour qu'elles deviennent plus efficaces. Alors elles seront moins chères, mais parce que les compétences auront monté, avec plus de simplifications à la clef.

Macron, gardez-vous (aussi) à gauche ! Gardez-vous des sondages et des dosages ! Enfin, gardez-vous de dire « on met un pognon de dingue dans les minima sociaux et les gens ne s'en sortent pas » ! Dites, dans votre langue qu'on connaît : « la solution n'est pas de dépenser plus... mais de responsabiliser les gens » ! Macron, gardez-vous de vous !

17 juin 2018

30. DON QUICHOTTE DE LA FRANCIA ?

Au G7 du Canada, en Europe et partout, Emmanuel Macron parle multilatéralisme, échanges équilibrés, renforcement de l'Europe, accord climat... En France, il poursuit sa démarche de modernisation, supposant que les trains rouleront, en attendant les débats sur la retraite par points et la privatisation complète d'Air France, qui promettent.

Mais les Etats-Unis s'éloignent, pour s'occuper d'eux seuls, donc les soutiens à Macron se font plus prudents. Mais en France, il a 57% de mécontents en mai 2018 selon Ipsos, contre 42% de satisfaits. Il y a un an, on comptait 38% de mécontents et 62% de satisfaits. Un tiers de « satisfaits » perdus, donc davantage de mécontents désormais : c'est certes mieux, en un an aussi, que la disparition de 4 satisfaits sur dix pour Sarkozy et de la moitié pour Hollande, mais c'est beaucoup. Les déçus du Macronisme sont les 65 ans et plus (58% de mécontents) et les employés

(61%) : CSG pour les premiers, inflation et ordonnances pour les seconds sont passées par là.

Emmanuel Macron va-t-il continuer ses plaidoiries mondiales ? Va-t-il garder ici son rythme, faire « une pause » ou « du social » ? Qu'est-ce qui l'anime, comme de Gaulle hier (sautons les intérims) : courage immense, ego démesuré, rapport distant avec le réel ? Comment cela va-t-il finir : par un référendum manqué sur le Sénat, en 2019 comme en 1969 ?

« Non pas réformer la France, mais la transformer » : c'est l'idée d'Emmanuel Macron, plus que son projet. Moulins à embrocher de Don Quichotte ou textes à écrire et défendre (APL, retraites, ordonnances, Sénat, ZAD, Parcoursup…) ? Verrons-nous changer le pays ? En attendant, les critiques de tous bords montent, tandis que baissent les « marées populaires » : comment comprendre ce mouvement ? Les conseils pleuvent de ceux qui n'ont rien fait, ne peuvent ni ne savent rien faire et, surtout, ne veulent rien faire, sauf l'opposé de ce qui est proposé. Obéit-il aux « puissances d'argent » ou mène-t-il une quête chevaleresque ? Mais peut-il en être autrement, dans notre France ?

« Toute ma vie, je me suis fait une certaine idée de la France. Le sentiment me l'inspire aussi bien que la raison ». On reconnaît le début des Mémoires du Général. La suite est tout aussi fameuse : « Le côté positif de mon esprit me convainc que la France n'est réellement elle-même qu'au premier rang ; que, seules, de vastes entreprises sont susceptibles de compenser les ferments de dispersion que son peuple porte en lui-même ; que notre pays, tel qu'il est, parmi les autres, tels qu'ils sont, doit, sous peine de danger mortel, viser haut et se tenir droit. Bref, à mon sens, la France ne peut être la France sans la grandeur ». Mauriac parlant du Général : « Un fou a dit « Moi, la France » et personne n'a ri parce que c'était vrai ». Dur d'être Président ! Faut-il être « pas normal » ?

« Au fond, nous savons tous ici pourquoi nous aimons la France. Parce que chaque fois que d'aucuns l'ont cru prisonnière de la catastrophe, elle a su se redresser » dit Emmanuel Macron le 8 mai 2016 à Orléans. Filiation des politiques qui croient à une « essence du pays », ou qui se disent qu'il faut des moulins pour pouvoir changer « en même temps » les règles sur les produits alimentaires (par exemple). « Ne jamais subir, peser sur le destin du monde, c'est ce qui fait que les Français sont eux-mêmes et que la France reste elle-même… Hugo a là tout dit », poursuit Macron à Reims.

Nous aimons ces mots et ces envolées, mais ils nous suffisent moins qu'avant. Pourquoi ? Nos résistances aux changements vont-elles nous épuiser et nous faire sortir, encore une fois, de l'histoire, avant d'y revenir, en le payant cher ? Face à la « crise des banlieues », nous voulons un plan Marshall, milliards inclus, plus d'autres pour l'école, l'université, l'hôpital. Le cheminot va-t-il freiner le boulot (des autres), le sénateur décourager le startupeur ?

Pourquoi ne pas voir ce qu'exigent, et permettent, la révolution technologique, les mouvements autour de la Chine, du Moyen-Orient, de l'Afrique, avec ce repli américain ? Pourquoi refuser la réforme de l'apprentissage et les classes dédoublées (par exemple encore) ?

La France est en danger mortel d'égoïsme. Les « avantages acquis » des uns supposent que « les autres » puissent continuer à les financer : mais impossible, si rien ne change. « On ne fait rien de sérieux si on se soumet aux chimères, mais que faire de grand sans elles » : Cervantes, de Gaulle, Macron ?

10 juin 2018

31. TRUMP, AGENT CHINOIS ?

La chose va finir par se savoir : Donald Trump travaille pour la Chine, en dépit des trésors d'imagination qu'il déploie pour mettre la Russie en avant. Certes, le conseiller spécial Mueller, ancien patron du FBI, retrouve les liens, réunions et démarches, depuis l'avocat Cohen jusqu'à Cambridge Analytica, qui ont aidé, sinon permis, l'élection de Donald Trump. Certes, on mesure ce qu'il a fallu d'intelligence analytique dans l'utilisation des données Facebook et d'extrême bêtise dans les messages envoyés à tel ou tel, pour le convaincre de « bien voter ». Mais criminaliser Moscou protège évidemment Pékin, qui ne dit rien. Poutine est le *bad guy* politique, Xi Jinping le partenaire commercial. Avec lui, il faut réparer les relations déséquilibrées entre les deux pays, héritées de ce mou nommé Barack Obama.

Donc tout le monde regarde Poutine et salue les actions de Trump. Plus Trump frappe fort et montre que c'est l'ennemi, plus Poutine endure avec son sourire de service secret. Mais ce qui se passe avec la Chine est bien différent. C'est la deuxième économie du monde et le plus important détenteur extérieur de bons du trésor américains. Il faut donc agir avec prudence avec elle, avec Trump qui l'aide en l'affaiblissant en apparence. Une démarche toute dialectique, qui peut échapper aux analystes qui ne voient que coups de boutoir et de menton. Et pourtant les faits parlent d'eux-mêmes.

L'histoire commence par le Yuan vis-à-vis duquel Donald Trump a établi sa seule ligne rouge : il doit monter par rapport au dollar. Toute tentative de manipulation à la baisse sera suivie, critiquée et sanctionnée : le dollar est encore, et pour longtemps, la première monnaie du monde. La sous-évaluation du Yuan, entre 20 et 30%, doit se résorber. Un duopole mondial sera établi, les autres pays largués. Qui osera critiquer Trump pour réduire la manipulation de la monnaie chinoise ?

L'histoire continue avec la volonté américaine de diminuer son déficit extérieur avec la Chine. La Chine doit donc acheter plus de produits américains, pour sauver la face américaine et surtout développer sa production interne, pour répondre à sa demande. La Chine doit devenir autant fermée que les États-Unis, avec des échanges autour de 15% de son PIB, presque comme eux (11%). Ainsi isolés, les deux sont à la fois plus puissants et stables que tous les autres.

La pression américaine ne s'arrête pas là, au contraire. Ainsi, Donald Trump augmente les droits de douane sur l'aluminium et l'acier. Le coup est d'autant plus astucieux qu'il est indirect. En effet, Trump sait bien qu'il affecte surtout le Canada et l'Europe. Ils devront réduire leur activité et chasser ailleurs, l'aluminium et l'acier étant en surproduction mondiale. La Chine devra, à son tour, fermer ses usines, mais moins qu'eux, car ses coûts sont plus faibles. Ce seront donc « les alliés » des États-Unis (comme on dit), qui vont souffrir le plus. Du billard à trois bandes, comme on dit dans « l'art du deal ».

L'opération Corée du nord n'est pas mal non plus. Tout le monde suit les allers-retours, les insultes et les embrassades, mais on se doute que ceci finira par la dénucléarisation de la péninsule, avec l'effondrement de la montagne où Kim Jung-un faisait ses essais. C'est donc le départ d'une bonne part des troupes américaines, avant celui de Kim lui-même (modalités à voir). Son rôle historique de cerbère avec les États-Unis n'aura plus de raison d'être. La Chine aura pacifié la péninsule, pour l'acheter peu à peu, Trump dira qu'il a économisé des milliards et sera Nobel de la Paix (avec Kim, avant sa retraite) !

Mieux avec la bataille des droits de propriété. Elle consiste à faire mal à l'autre, autrement dit à montrer ses points de faiblesse. Contre les États-Unis, l'Europe attaque le bourbon et la Harley Davidson : quelle violence ! Mais Trump bloque les puces de ce voleur de ZTE ! L'équipementier coté à Hong Kong et Shenzhen plonge en bourse. Pour le sauver, il trouve un accord avec Xi Jinping, accord que le Congrès devra accepter (pas facile, histoire de montrer son effort). Surtout, la Chine comprend. Xi Jinping demande à ses experts de rendre le pays autonome dans ce type de produits ! Bientôt, après les GAFA, les BATX (Baidu, Alibaba, Tencent et Xiaomi) vendront des produits moitié moins chers pour un marché domestique énorme : la Chine, puis les émergents, puis nous. Puis ce sera l'écriture des normes mondiales.

Trump espion chinois ? Si au moins c'était vrai !

3 juin 2018

32. L'EUROPE, COMBIEN DE DIVISIONS ?

Rendons à Staline ce qui lui revient : « le Pape, combien de divisions ? ». Il s'agissait alors pour lui de critiquer une puissance religieuse et, pire, morale, autrement dit sans armes. Plus précisément, il répondait à Laval qui lui demandait en 1935 non seulement de respecter l'église catholique, mais plus encore de la soutenir. Ce serait, pour Laval, le moyen de renforcer l'alliance entre France, Italie (plus Royaume-Uni) et URSS. On connaît la suite pour l'Italie, l'Espagne et la France : les « valeurs » seules ne valent pas grand-chose !

Dans l'Europe d'aujourd'hui, la question du « combien de divisions » est double, mais la réponse est opposée. A la question « combien de divisions militaires ? », la réponse est : beaucoup trop peu d'unités de plus de 10 000 soldats ! Et à la question « combien de divisions politiques ? », la réponse est : beaucoup trop ! C'est même pour cela qu'il n'y a pas assez de divisions militaires ! L'Europe ne dépense pas assez pour se protéger dans ce monde où les menaces augmentent partout, avec les migrations déstabilisantes qui en découleront. Selon l'Institut International de Recherche pour la Paix de Stockholm, les dépenses militaires ont représenté 1 739 milliards de dollars en 2017 et devraient dépasser 1 800 cette année (57 000$ par seconde !), soit 2,2% du PIB mondial. Sur ce total, 610 milliards seraient américains, 228 chinois, 69 d'Arabie Saoudite, 66 russes, 64 indiens, 39 coréens du sud. La France a dépensé 58 milliards de dollars et l'Allemagne 44 pour se (nous) protéger en 2017. Les États-Unis y consacrent ainsi 3,1% de leur PIB et la Chine 1,9% du sien, contre 0,9% pour le Japon, 4,3% pour la Russie, 2,3% pour la France et 1,9% pour l'Allemagne.

Bien sûr, ces chiffres sont sujets à caution. Ainsi, étrangement, l'institut de Stockholm est bien forcé de qualifier de… « marginale » l'augmentation des dépenses militaires mondiales en termes réels l'an dernier ! Ce qui n'empêche pas, heureusement, le Dr Nan Tian, chercheur au programme de Stockholm de noter que « l'augmentation des dépenses militaires mondiales de ces dernières années est largement due à la croissance substantielle des dépenses des pays d'Asie et d'Océanie et du Moyen-Orient, tels que la Chine, l'Inde et l'Arabie Saoudite ». Il ajoute : « au niveau mondial, le poids des dépenses militaires s'éloigne clairement de la région Euro-Atlantique ». Et oui ! L'Europe de l'Ouest dépense 245 milliards de dollars, autant que la Chine désormais, et 40% des États-Unis (qui vont accélérer).

Pendant ce temps, les divisions politiques vont ici bon train. Brexit, Catalogne, complexe coalition allemande, improbable majorité italienne dont on ne comprend pas le programme, sauf qu'il veut un creusement du déficit budgétaire entre 100 et 125 milliards d'euros, sans compter les tensions françaises. Pas de surprise si la croissance ralentit. C'est +0,4% de croissance en début d'année, contre +0,7% fin 2017. Ce ralentissement vient d'Allemagne (+0,3% après +0,6% aux mêmes dates), de France (+0,3% après +0,7%) et des Pays-Bas (+0,5% après +0,7%). L'Italie et l'Espagne restent à +0,3% et à +0,7%, mais ceci ne va pas durer.

Pendant ce temps, la confrontation entre Etats-Unis et Chine s'aiguise, Trump voulant plus d'importations chinoises aux États-Unis, donc moins d'excédents chinois, donc moins de croissance chinoise. Elle s'aiguise aussi avec l'Iran, avec le souci américain de freiner son expansion, donc d'accroître ses problèmes économiques internes, et peut-être politiques. L'Europe est priée de commercer moins avec la Chine, et pas avec l'Iran. Avec la Chine, ce sera plus cher. Avec l'Iran, elle sera jugée par les tribunaux américains, compétents de par le monde, bien sûr.

L'Europe enrage. La Commission européenne active le 18 mai la « loi de blocage » qui date de 1996. Elle met les entreprises européennes à l'abri de la compétence extraterritoriale des Etats-Unis. En même temps, elle permet à la Banque européenne d'investissement de financer les entreprises européennes en Iran, notamment les PME (!). Mais les grandes entreprises et banques françaises font machine arrière, et ne seront pas les seules.

Heureusement, l'Europe empêche vaillamment la naissance de grandes entreprises européennes (elles pourraient être dominantes !) et ne taxe pas les GAFA (Irlande, Luxembourg et Malte sont contre) ! Plus de divisions politiques en Europe pour moins de divisions militaires : Staline n'y avait pas pensé.

27 mai 2018

33. FRANCE : ASSEZ DE CROISSANCE POUR CONTINUER À RÉFORMER ?

C'est le problème : réformer en France est indispensable, après tant d'années d'inaction, mais « consomme » de la croissance, comme du pétrole. Réformer inquiète, suscite des polémiques et des oppositions, rend nerveux, brouille l'horizon. Réformer agite le corps social et politique, emplit les assemblées générales, suscite grèves et manifestations, le tout avant de sentir, puis de voir, les premiers résultats positifs. Ce seront de nouveaux investissements, puis de nouveaux emplois. Après.

C'est ce qui se passe : la croissance ralentit, consommée par les réformes. 0,3% de croissance au deuxième trimestre 2018, comme au premier. Nous ne sommes plus au 0,6% de croissance du deuxième trimestre 2017, au 0,5% du troisième, moins encore au 0,7% du quatrième. La croissance 2018 s'annonce plus faible, à 1,8 ou 1,9% au mieux contre

2,2% en 2017, avant de décélérer encore à 1,7% en 2019 puis à 1,6% en 2020, selon une Banque de France nécessairement optimiste ! Et ceci en supposant une croissance américaine qui tient, ce qui fera de la reprise américaine la plus longue de son histoire, plus une reprise en zone euro qui résiste et un pauvre monde qui franchit sans encombre les embûches géopolitiques qui l'encerclent.

C'était pourtant bien parti. Coup de chance, le début des réformes d'Emmanuel Macron coïncide avec l'accélération de la croissance mondiale. Elle était portée par des taux d'intérêt bas et par la chute du prix du pétrole, dont on parle trop peu. Bien sûr, la nouvelle révolution industrielle travaille en sous-main, mais elle détruit des emplois, on le voit, même si elle en crée, qu'on ne voit pas. Les embauchés ne manifestent pas ! Aujourd'hui, le mieux global est manifeste. Avec le plein emploi américain, les taux courts continuent de monter et poussent devant eux les taux longs. Ils s'installent au-dessus de 3% et vont partout tirer les nôtres à la hausse, même si la Banque centrale européenne joue les prolongations. Voilà le taux à 10 ans qui remonte à 0,86% en France : nous ne sommes pas (encore) au 1% de début février, mais plus du tout aux minima de 0,6% en 2017, et n'y reviendrons pas.

Ça va continuer. Apple ne demande pas d'autorisation pour se lancer dans la banque, pas plus que Facebook. Netflix n'est pas invité à Cannes, mais le sera bientôt partout. Les *millenials* sont aux manettes dans ce nouveau monde, comme les Chinois ou les Indiens. Disrupter étant partout, les « avantages acquis » ne peuvent plus l'être.

Ce sera compliqué. Certes le taux de marge remonte en France, à 31,9% de la valeur ajoutée fin 2107, et amène avec lui le taux d'investissement, vers 24%. Mais le besoin d'investissement avance plus vite, en machines, robots et logiciels. Ces nouveaux investissements sont plus chers et surtout « s'usent » plus vite. Avec son obsolescence, le capital installé en France baisse. La révolution technologique en cours chamboule tout. Pour se lancer dans l'innovation, il faut risquer beaucoup, quitte à tout perdre. Si son idée l'emporte, *the winner takes it all, the loser standing small.* Notre vieille logique des rendements d'échelle croissants, puis décroissants, ne marche plus. Si l'application gagne, elle évince les autres. Les rendements sont croissants dans cette révolution industrielle : la voie est ouverte aux monopoles mondiaux.

C'est donc bien différent : il faut pousser les feux des changements et modernisations, réformer les structures publiques pour en réduire les coûts, permettre plus de souplesse aux PME pour qu'elles haussent leurs marges, former plus vite les salariés. Les tensions et les freins monteront alors d'autant, permettant et « consommant » plus de croissance.

C'est donc qu'il faut parler plus clair : il ne s'agit pas de rattraper le retard, de réduire le déficit budgétaire ou extérieur… mais de revenir dans l'équipe mondiale de tête, avec l'Allemagne. La Chine y est évidemment, mais elle avance masquée. Elle ne montre pas l'étendue de ses avancées, occupant la galerie dans un jeu immature avec Donald Trump, un jeu qui l'arrange.

C'est l'effet Joule, comme disent les physiciens, qui explique ce qui se passe ici, et son risque : il faut l'expliquer, pour le réduire. Une part du mouvement, de la croissance, se perd en chaleur. Chaleur des manifs, grèves, blocages, fatigue des réformes, montée des « à quoi bon » et des « encore deux ans », baisse de la cote de Macron pour demander une pause. Croître plus, c'est pour réformer plus.

20 mai 2018

34. TRUMP VA-T-IL DÉCLENCHER UN NOUVEAU 29 ?

3 mai 2018 : 1 100 économistes, dont 14 Prix Nobel, écrivent une lettre au Président Trump et au Congrès pour les avertir du risque majeur qu'est, pour eux, la montée des droits de douane et du protectionnisme – autrement dit la politique de Donald Trump. Ils se réfèrent, dans leur lettre, à une autre, envoyée en 1930 par 1 028 économistes. Ils alertaient alors sur les risques des hausses de tarifs douaniers que comportait le Smoot-Hawley Act. Pas écoutés, une bataille des échanges en résulta. Elle réduisit les échanges internationaux, la croissance, et ce fut 1929.

Les économistes de 2018 citent ceux de 1930. « Augmenter les taxes de protection serait une erreur. Ceci augmenterait, en général, les prix que les consommateurs devraient acquitter... Nos exportations vont souffrir. Les pays ne peuvent nous acheter de manière permanente s'il ne leur est pas permis de nous vendre… Une guerre des droits de douane n'est pas un bon terrain pour développer la paix dans le monde ». La même logique récessive se mettrait en place, mais en plus grave : « le commerce est aujourd'hui significativement plus important pour notre économie ».

Allons-nous faire pire qu'en 29, sous la houlette de Donald Trump ? La sortie américaine de l'accord commercial transpacifique, les menaces américaines sur l'Alena (Mexique et Canada sommés de réduire leur excédent commercial vis-à-vis des États-Unis), les demandes américaines d'échanges équilibrés avec les États-Unis (*reciprocal* en anglais trumpien), notamment avec l'Allemagne et surtout la Chine vont-elles inquiéter plus, faire investir et échanger moins, antagoniser les relations ? Le commerce est-il « significativement plus important pour notre économie » qu'en 1930 ? Oui quand on voit les allers-retours de composants pour construire une automobile ou le ballet de sous-traitants pour créer un téléphone portable. La complexité, donc la fragilité, des *supply chains* saute aux yeux. Notre monde est plus interdépendant que jamais, donc plus sensible que jamais.

Le conflit douanier qui commence sur l'acier et l'aluminium, avec la menace américaine d'augmenter de 25% les taxes à l'importation, est dangereux. D'autant qu'il se complète et s'aggrave avec la Chine. Pour l'Europe, on parle d'un délai (de grâce ?) d'un mois. Pour la Russie, un accommodement partiel pourrait naître, le propriétaire majoritaire de Rusal, premier producteur mondial d'aluminium, ayant « accepté » de ne plus l'être – mais les stigmates vont demeurer. Les demandes vis-à-vis de la Chine sont triples : augmentation des droits de douane sur certains produits (aluminium et acier) pour diminuer les exports, baisse forte et rapide du déficit américain (deux ans pour le réduire de 200 milliards), « vraie protection des droits de propriété » ! Des puces américaines ne seraient plus exportées pour équiper les portables chinois. Huawei et ZTE ne pourraient plus vendre sur le territoire américain. Les autorités chinoises discutent. Mais les importations chinoises de soja américain seraient prévues en baisse, représailles qui ne sont pas de nature à réduire l'excédent chinois ! Et que va-t-il donc se passer avec l'Iran ?

Surtout, la montagne de la dette menace partout, suite à ces taux d'intérêt si bas pour sortir au plus vite de la Grande récession de 2008 et soutenir les bourses. Aux Etats-Unis, en Europe et en Chine, la dette dépasse celle d'avant crise. Le pire, c'est la pénurie de dollars qui menace les pays émergents. Que feront les entreprises trop endettées en dollars, donc en monnaie étrangère pour elles, au moment où les taux courts et longs américains vont monter ? En Argentine, le taux d'intérêt à court terme est passé à 40% le 4 mai (+6,75%), troisième hausse de la semaine, pour respecter (dit la banque centrale) l'objectif d'inflation à 15% (elle est à 25,6%), en fait pour tenir le change. Mais pas assez de réserves et le pays demande 50 milliards de dollars au FMI. La même question va venir sur la Turquie dont la livre a perdu 6% en une semaine face au dollar et la bourse 20% depuis janvier, en attendant le Brésil. Et après ?

Le risque Trump est triple : « un risque à la 29 », économique, par la baisse des échanges qui pèsera sur la croissance, « un risque à la thaïlandaise, comme en 1997 », monétaire, quand les entreprises doivent s'endetter plus cher, puis rembourser une dette en dollars plus chers, plus « une crise trumpienne », politique, pour savoir qui dirigera ce « drôle » de monde.

13 mai 2018

35. LES MARCHÉS FINANCIERS SONT-ILS FÉTICHISTES ?

Oui, mais pas seulement. Oui, devant eux, face à ce futur qu'ils ignorent, comme nous tous, ils plantent des repères, des marques, des signes, des chiffres ronds en général, entre totem et tabou. Ils craignent aussi des jours fatidiques : le vendredi 13 bien sûr, mais aussi les anniversaires des grands krachs boursiers (jeudi noir du 24 octobre 1929 ou 6 octobre 2008 des *subprimes*), sans oublier les « quatre sorcières », troisièmes vendredi des mois de mars, juin, septembre et décembre, où se soldent les grands contrats financiers à terme sur la Bourse de New York. Bref, la forêt financière est noire et hantée, et il faut y avancer !

Prenez ce qui se passe sur le rendement des emprunts d'état américains à 10 ans. Tantôt il est au-dessus de 3%, tantôt au-dessous. Une véritable ligne de démarcation, comme entre les deux Corées ! A ceci près qu'une telle ligne n'existe pas, ou plutôt qu'elle n'existe que parce qu'elle est espérée ou crainte. Espérée par certains participants sur les marchés financiers. Ils se disent que la croissance américaine reste soutenue, même après le léger fléchissement de ce début d'année. Bientôt, elle repartira plus fort avec un taux de chômage au-dessous de 4%, donc avec des hausses de salaires, puis des prix, puis des taux courts de la banque centrale américaine, donc des taux longs. Alors le 3% sera dépassé, parce que tout ira mieux ! Crainte par d'autres, qui savent bien que ce rendement à 10 ans n'a pas de raison de rester au-dessous de 3% quand l'inflation est à 2,4%, les taux courts à 1,75%, et que la Fed prévoit de les faire passer à 2,1% fin 2018 (au moins), puis à 2,7% fin 2019 et 3,1% fin 2020. Mais ce mieux économique qui fera monter les taux, le fera d'autant plus qu'il y aura plus d'inflation. Les taux monteront partout, fragilisant certains ménages et surtout les entreprises surendettées, renforçant le dollar. Tout ceci pèsera sur la croissance, les profits attendus, et donc la bourse. 3%, c'est le chiffre qui dit que la croissance américaine va mieux, donc qu'elle ira plus mal ! D'où l'idée de pousser le totem plus loin, vers 3,5 puis 4%, en espaçant les hausses de taux, en « parlant aux marchés » (aux esprits ?) par la *forward guidance*. Le rêve est d'obtenir l'éloignement maximum. Deux ans ?

Prenez ce qui se passe à la bourse de Paris, avec le 5 500 du Cac 40. Il fait aujourd'hui figure de montagne atteinte, mais instable, comme en novembre 2017 puis début 2018. Elle est quand même bien loin des 6 068 du 4 mai 2007 et des 6 813 du 1er septembre 2000 ! Et où est donc le 6 922 du 4 septembre 2000 ? Quand le reverrons-nous ? Pour avancer dans la forêt boursière, en nous répétant sans cesse que « les arbres ne montent pas au ciel », nous nous disons quand même qu'ils furent plus haut qu'aujourd'hui et que « la bourse est le meilleur placement à long terme ». Et des grincheux font remarquer que c'est une belle chose de nous pousser tous vers la bourse pour financer notre retraite, mais que l'on ne nous dit pas avec quel argent les « jeunes » achèteront les titres des « séniors », quand ils les vendront pour payer leurs vieux (et nombreux) jours. Dans dix, vingt ans ?

Les marchés sont fétichistes, et aussi calculateurs. Ils mettent leurs calculs devant eux pour baliser le futur. Car ce futur ne peut être que fétichisé : il faut que plus d'acheteurs croient que la bourse va monter, pour qu'elle monte. Et plus l'écart entre ces deux groupes est important, plus elle monte. Bien sûr, on entendra de plus en plus les voix des inquiets et des « rationnels » qui nous disent qu'il y a mieux à faire, qu'il faut être plus liquide, plus américain ou chinois, que le krach approche. Mais rien n'y fait. Nous irons plus loin, dans la forêt plus noire et plus pentue.

Ce n'est pas grave si nous acceptons le jeu de la croissance, de l'innovation et du risque. Le capitalisme explore, détruit et reconstruit, sans trop savoir où il va. Soif du profit, esprit d'entreprise ou « esprits animaux », haine du quotidien et peur de l'ennui, il change et disrupte. Bien sûr, il faut canaliser ses forces, réguler et légiférer, mais pas trop.

Alors, faute de savoir où ceci nous mène, nous donnons vie à la finance. « Le » Cac 40 va tester 5 500, après une « nécessaire respiration ». « Le » 10 ans américain est « attiré » par 3% et a confiance dans « la » Fed, en attendant de voir comment elle va s'opposer à Trump. Hommes contre fétiches : l'intelligence est très artificielle !

6 mai 2018

36. VOICI LE NOUVEAU LIVRET A, AVEC A COMME MARCHÉISATION

280 milliards d'euros dans 56 millions de Livrets A, censés nous protéger de l'inflation… et de l'impôt sur le revenu, pour alimenter une épargne dite populaire.

Livret qui « est » ou qui « était » censé protéger de l'inflation ? La voilà en effet à 1,6% contre 0,75% pour le Livret A, taux fixé jusqu'en janvier 2020 ! Le rendement hors inflation du Livret est de -0,85% l'an : 2,4 milliards de pouvoir d'achat perdus par an. Bravo, la protection !

Mais pourquoi s'en prendre au Livret A et baisser sa rémunération au-dessous de l'inflation ? Pour une raison économique, en théorie favorable à tous même si elle appauvrit les détenteurs du Livret rouge : permettre à l'économie de mieux rebondir quand elle faiblit. Et elle a tant faibli que le

Gouverneur de la Banque de France et le Premier ministre ont décidé fin 2017 d'abaisser le taux du Livret à 0,75% !

C'est toujours pareil : quand l'économie faiblit, la Banque centrale européenne baisse ses taux pour permettre aux taux des crédits bancaires de fléchir (et faciliter ainsi endettement, investissement et emploi), pour faire baisser l'euro (et aider exportation et entrées de capitaux), et pour diminuer la rémunération de l'épargne (et pousser à la consommation). Quand l'économie baisse, tous les taux doivent baisser au-dessous du taux d'inflation, pour que la machine reparte. La politique monétaire rend les taux réels négatifs. Mais aujourd'hui, comme la situation est pire pour l'économie, elle est pire pour les taux !

Donc la formule du Livret A va changer. Elle était trop favorable à l'épargne, n'ayant pas prévu les taux ultra bas actuels, reflets d'une crise aussi violente que longue. Elle allait contre la politique monétaire de la BCE ! La formule, désormais ancienne, faisait en effet que le taux du Livret A égalait au moins l'inflation, par dérogation à son équation de base : la demi-somme de la moyenne des taux intérêt et de l'inflation hors tabac à six mois.

Cette formule était un merveilleux exemple de la peur française de la finance. Elle combinait « le social », « l'économique » et « le politique ». « Le social », c'était l'inflation garantie. Sauf si « l'économique » gagnait, les taux de marché offrant à l'épargne une rémunération supérieure à l'inflation. Mais si ceci ne suffisait pas, venait « le politique » avec son « coup de pouce » qui remontait le taux. Il était toujours attendu des commentateurs, sauf qu'il vient de fonctionner à la baisse !

En effet, pour sortir de crise, le taux interbancaire est négatif : -0,35%, ce que la formule n'avait pas imaginé ! Pour pousser les banques à prêter, la Banque centrale européenne prélève quand elles déposent leurs excédents chez elle ! La formule ancienne donnerait un Livret A à 1,1%, l'inflation sur six mois, surclassant tous les placements et empêchant la baisse des taux des crédits bancaires. La nouvelle évite ce piège… au détriment de l'épargnant.

Ce sera désormais la demi-somme de l'inflation (« le social ») pour 1,1% et du taux d'intérêt pour -0,35% (« l'économique »). Mais ceci donnerait un taux à 0,37% ! IMPOSSIBLE ! Vient donc « le politique », avec un taux plancher à 0,5%. La trilogie française est là, mais marchéisée. Le taux du Livret A sortira en janvier 2020 de son hibernation à 0,75%, avec une inflation à 1,6% environ et montera très lentement. Bonjour, la protection de l'épargne populaire !

Sauf que ce livret A n'est pas « si populaire ». Certes, il représente plus du tiers de l'épargne réglementée des Français et 6% de leur patrimoine financier, mais 10% des détenteurs de Livret A ont 40% des encours ! Ces 5 millions de Livrets remplis ne bougent pas, exonération fiscale oblige. A chacun sa Suisse.

Alors les autorités ont décidé de « flécher » l'épargne vraiment populaire vers le LEP (Livret d'épargne populaire). Il rapporte 1,25% pour 7 700 euros au maximum, en fonction des ressources du détenteur (par exemple 29 864 euros au maximum pour deux parts fiscales).

L'idée est de pousser les classes moyennes vers les actions, en les désespérant du Livret A. 68% des 4 000 milliards d'euros d'épargne des français sont en produits de taux, et nos autorités regardent les 75 500 milliards de dollars d'épargne américaine, à 43% en produits de taux et à 57% en actions, retraite par capitalisation oblige. Avec la fin de l'ISF et la *flat tax*, l'épargne française s'ébranle lentement vers les entreprises. A comme Marchéisation : bon pour le peuple, pas tout de suite.

29 avril 2018

37. LA NOUVELLE INFLATION ARRIVE : UN TIERS MATHEUSE, UN TIERS TROP CONFIANTE, UN TIERS PROCHE DE NOUS

La voilà, pas comme et d'où on l'attendait. Elle est aux États-Unis, bientôt en zone euro. La voilà aux États-Unis, à 2,1% sur un an et à près de 3%, si on extrapole son accélération des trois derniers mois. On l'attend en zone euro, à 1,3% actuellement, sachant que l'Allemagne va vers 1,8% et la France vers 1,6%.

Les patrons des banques centrales voulaient 2% d'inflation à moyen terme et ont tout fait pour. Ils ont acheté des tombereaux de bons du trésor pour faire baisser les taux d'intérêt, pousser les banques à prêter et les épargnants à dépenser, puisque leur épargne ne rapportait rien. Plus fort encore, en zone euro, les banques qui ont trop de liquidités se les voient payer à -0,4% par la Banque centrale européenne ! Tout est donc fait pour conduire les entreprises à investir et embaucher, puis les salaires à monter et l'inflation à suivre. Ainsi, les banquiers centraux ont lentement remonté leurs taux d'intérêt aux États-Unis depuis des mois. Ils se préparent plus doucement en zone euro. Mais ils doivent tous faire attention, car cette inflation qui arrive enfin est méconnaissable.

Un tiers matheuse d'abord, cette inflation vient d'une économie en profond changement, avec le poids croissant de l'Intelligence artificielle dans les analyses et les prévisions des décideurs. Avec plus de mathématiques au service de plus d'informations à traiter, pour mieux cibler produits et services à offrir, mieux investir et communiquer, il faut plus de matheux, statisticiens et autres *data scientists*. Mais ils deviennent de plus en plus difficiles à trouver, pour étoffer les équipes innovation, communication, production, logistique, finance et informatique... Donc leurs salaires montent, pesant sur les marges et les prix.

Un autre tiers de cette inflation vient d'un trop de confiance ensuite : les décideurs sont plus sûrs d'eux pour changer, *disrupter* et investir – du fait des matheux ! Les investissements anciens vont à la trappe, avec réseaux, machines et logiciels. Les licenciements suivent. Viennent les nouveaux réseaux de production et de distribution, les nouvelles machines et les nouvelles embauches : tout ceci coûte. L'économie repart sur un nouveau pied, de plus en plus fort et rapide car elle se vit plus confiante, chacun voulant dépasser l'autre. Ces matheux plus chers alimentent la surchauffe. Après avoir ringardisé l'ancienne économie, il faut vite créer la suivante. Les carnets de commande se remplissent, les prix des matières premières montent, les délais d'allongent. Tous les prix se mettent à remonter.

Plus de proximité pour le dernier tiers d'inflation, car il faut plus de services que jamais. L'économie d'Internet est celle où vous pouvez faire vos courses sur ordinateur, mais à condition qu'on vous livre ! En même temps, il faudra de plus en plus suivre sa santé avec, pour les personnes âgées, plus d'aides et de surveillances pour rester le plus longtemps possible chez soi. Ceci crée plus d'emplois de services, au début très peu payés, jusqu'à ce qu'ils soient mieux formés, donc que leur productivité augmente, puis leurs salaires. Le plein emploi cohabite ainsi avec peu d'inflation, troisième tiers.

Plus de croissance et plein emploi aux États-Unis et en Allemagne, avec des salaires qui commencent à monter et une inflation qui se réveille : c'est notre nouveau monde. Les matheux qui changent tout et gagnent plus font des vocations. Ils encouragent les entrepreneurs à se lancer dans de nouvelles aventures, aventures qui impliquent plus de services de proximité et de services à la personne.

Les banques centrales, pour ne pas faire d'erreurs, doivent comprendre cette nouvelle inflation. Elle sera diffuse, pas très forte. Attention à ne pas trop monter les taux aux Etats-Unis et à les normaliser doucement en zone euro. Les pouvoirs publics doivent diffuser, dès l'école, « l'esprit de l'Intelligence artificielle », ce mariage de l'informatique et des statistiques. Enfin, dans les entreprises, petites et moyennes notamment, il faut former à la « culture de la proximité », celle qui permet de répondre finement aux besoins, en complément de l'Intelligence artificielle.

L'inflation nouvelle est là, modérée, avec le plein emploi de services de proximité. A nous d'expliquer et de former, pour éviter le remède de cheval de taux d'intérêt excessifs, celui de la « vieille inflation ». Il la tuerait certes, et la croissance avec.

22 avril 2018

38. TRUMP, L'HOMME QUI TWEETAIT À L'OREILLE DES MARCHÉS

Pas un jour sans (au moins) un tweet trumpien, en lien avec de grands problèmes, pays ou entreprises, avec toujours un ton direct et péremptoire, mais pas forcément une analyse en accord avec la précédente ! Au début, les marchés ont été amusés, puis surpris, puis inquiets sous l'avalanche. Les voilà qui se demandent, aujourd'hui, quel est le risque réel que présente Donald Trump.

Ils ont d'abord compris MAGA (*Make America Great Again*) comme un slogan politique, visant à maintenir, sinon accroître, sa base électorale. Mais sa traduction financière et économique les perturbe de plus en plus. Pour eux, la baisse des impôts, sur les entreprises surtout, sur les ménages ensuite, faisait sens ! Beaucoup moins d'impôt sur les entreprises si elles rapatriaient leurs 2 800 milliards de dollars parqués en Europe, moins d'impôt pour qu'elles investissent et embauchent, donc un bonus si elles rapatrient des activités aux Etats-Unis et, pour les sociétés étrangères, si elles s'y installent et s'y étendent : c'était clair. Evidemment, ces milliards de réductions fiscales impliquaient de moindres entrées et un creusement du déficit budgétaire : on n'a rien sans rien. Mais Donald Trump promet qu'il sera réduit, et au-delà, par le supplément de croissance engendré. Les marchés se disent plutôt que ces milliards vont alimenter les trésoreries, racheter les actions des sociétés et réduire leurs dettes. Que du bonheur : la bourse montera, le moral suivra ! N'empêche que cette politique est une guerre fiscale.

MAGA continue dans le domaine des échanges, l'idée étant de réduire le déficit commercial en taxant les importations. L'opération commence étrangement par l'acier et l'aluminium et affecte surtout l'Europe, le Canada et le Mexique, mais pas la Chine ! Le tir est ensuite modifié : l'Europe aura un délai (?) et, pour le Canada et le Mexique, tout dépendra de leur « souplesse » dans la réécriture des accords avec les États-Unis. Ceci pourrait marcher, ces pays n'ayant pas grand choix (sauf si le futur président mexicain s'y oppose !). Surtout, le tir converge sur la Chine, à la recherche de taux de douane dits « équitables », avec une « juste » protection des droits de propriété et un « véritable » accès au marché. *« Quand une voiture est envoyée des États-Unis en Chine, elle paye un tarif douanier de 2,5%. Quand une voiture est envoyée de Chine aux États-Unis, elle paye un tarif douanier de 25% »* tweete Donald Trump le 9 avril. Guerre commerciale ?

Surtout pas, marchés ! *« Nous ne sommes pas dans une guerre commerciale, cette guerre a été perdue il y a des années par les personnes stupides ou incompétentes qui représentaient les Etats-Unis. Maintenant nous avons un déficit commercial annuel de 500 milliards de dollars et un vol annuel de droits de propriétés de 300. Nous ne pouvons laisser ceci continuer ! »* tweete Donald le 4 avril. Et comme il augmente ses menaces, que Xi Jinping réagit et que les marchés s'inquiètent, le voilà qui ajoute le 8 : *« Le Président Xi et moi serons très bons amis, indépendamment de nos batailles sur le commerce. La Chine va abaisser ses barrières douanières parce que c'est la bonne chose à faire. Les taxes deviendront réciproques et un accord fait sur la Propriété intellectuelle »*... Et les marchés s'apaisent, n'ayant pas d'autre choix que de faire confiance à cette étrange diplomatie de menaces et de protestations d'amitié. N'empêche, même si Xi Jinping est ouvert, rééquilibrer ainsi les échanges et compenser un « vol », peut être vu comme une guerre commerciale !

Mais les choses ne vont pas s'arrêter en si bon chemin. Des rumeurs viennent sur une stratégie de baisse du Yuan par rapport au dollar. Guerre des changes ? Sauf que la Chine dira qu'elle stabilise sa monnaie par rapport à un panier de monnaies, et que ce n'est pas sa faute si le poids du dollar y baisse ! Compliqué de tweeter là-dessus !

Et les Chinois lancent début avril un contrat à terme sur une variété de pétrole (Basra), pour acheter aux Russes et à l'Arabie Saoudite sans passer par le dollar. Guerre contre le monopole du dollar comme monnaie de compte des matières premières ? Des avions ? Des puces ? Compliqué de tweeter là-dessus !

Et si Trump envoie plus de tweets menaçants, malgré plus de tweets calmants de Donald ? Et si la Chine, pour aider la Russie, se demande si elle doit acheter tant de bons du trésor américain ? Guerre contre la dette américaine : les tweets n'y feront rien !

15 avril 2018

39. ALERTE AUX ZOMBIES : 10% DES ENTREPRISES COTÉES EN DANGER DEMAIN, QUAND LES TAUX MONTERONT

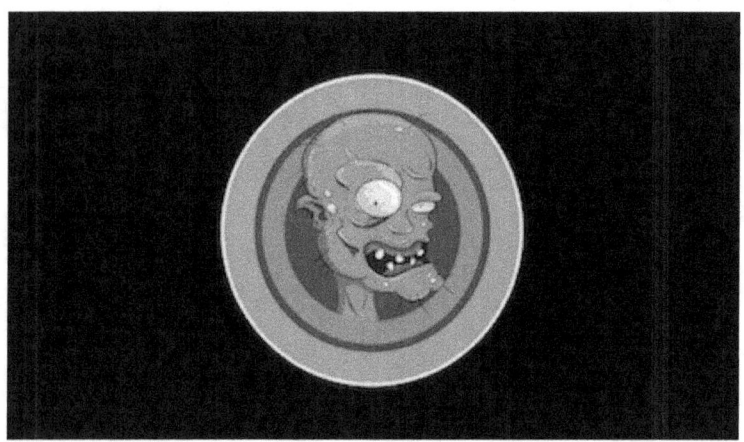

Des taux d'intérêt trop bon marché : voilà le risque ! Selon la Banque de France, en 2014, entre 2 et 3% des petites et moyennes entreprises et autour de 1% de l'ensemble formé par les grandes entreprises, entreprises de taille intermédiaire et holdings, s'endettent à des taux trop bas par rapport à leur risque. Pour les grandes entreprises et les holdings, 10% des crédits auraient été accordés « à des taux particulièrement bas ». Magie des chiffres : 1% du nombre, c'est 10% des montants !

La Coface est plus inquiétante. Elle compte en France 4,6% d'entreprises « zombies » en 2016, après 3,9% en 2013, 4,3% en 2014 et 4% en 2015. C'est mieux que le 6,2% espagnol ou le 5,3% italien, mais pas le 3,7% allemand. Surtout, ce pourcentage monte et, encore une fois, ne donne pas la part des crédits bancaires en risque, pour ne pas effrayer. Or, en 2013, selon une étude américaine, 25% de ceux-ci seraient « zombifiés » en Italie, 15% en Espagne et au Portugal.

Le risque mondial est plus important encore : les « entreprises zombies » pourraient représenter plus de 10% des sociétés cotées, selon une étude de la BRI menée sur 14 pays de l'OCDE. Le phénomène s'aggrave : le « taux de zombification » (si l'on peut dire) passe de 2% des entreprises en 1987 à 10% en 2014. La raison de cette dérive est évidente : les zombies non seulement se reproduisent, mais encore résistent, grâce à la faiblesse des taux d'intérêt. En 1987, une entreprise zombie avait 60% de chance de l'être l'année qui suivait, et plus de 80% en 2014.

Un drame se prépare, avec la remontée des taux : mort ou extrême dégradation de ces « entreprises zombies », difficultés des banques qui les financent, sans oublier le compartiment à haut risque, on dit « haut rendement » (*high yield*) des marchés financiers. Et nous ? Silence radio.

« Entreprises zombies » ? Voilà dix ans que leurs profits ne couvrent toujours pas leurs frais financiers. Sauf à périr, elles doivent s'endetter pour en payer le coût ! De fait, hors cas particuliers comme Tesla, toujours en perte mais plein de promesses (…), elles devaient être mortes. Il n'en est rien, puisque ces taux d'intérêt les prolongent, avec l'appui des banques et des marchés. C'est donc grave, puisque cette « dette zombie » monte. Elle inquiète les salariés qui savent bien qu'ils vivent dans une entreprise malade, y restent sans se former pour aller ailleurs ou se préparer aux ajustements qui viendront, tôt ou tard. Elle inquiète aussi les marchés, les politiques, les régulateurs bancaires et les banques. Et alors ?

Pourquoi donc ces taux trop bas, par bonté d'âme des banques et des marchés ? Non, bien sûr ! Pour éviter une crise plus grave qu'en 1929, nous dit-on, les banques centrales ont acheté des bons du trésor et des obligations privées. Elles ont fait baisser les taux courts et longs, réduit les frais d'emprunt, soutenu les profits et les valorisations boursières, permis d'investir et d'embaucher, donc à l'économie de repartir. Alors les bourses montent, trop, et l'épargne abandonne les obligations qui ne rapportent plus rien pour aller vers des placements plus risqués, en partie zombies (qui sait ?). Et puisque les crédits zombies continuent de monter, c'est que les entreprises préfèrent s'endetter, et que cela arrange tout le monde !

Alors, ces entreprises zombies seraient l'effet de la crise ! Oui, le dommage collatéral de la solution. La crise les aurait tués, provoquant un marasme que les banques centrales, avec l'accord des politiques et de la société civile, n'ont pas voulu. Elles ont fait baisser tous les taux d'intérêt, permettant aux meilleures de se renforcer, avec les valorisations astronomiques que l'on voit. Quant aux autres, elles devaient se refaire, se restructurer, puis de se désendetter, pas continuer à s'endetter !

Mais les taux ont fini de baisser aux Etats-Unis : encore deux hausses de 0,25% en 2018, trois en 2019, deux en 2020. En zone euro, les achats de bons du trésor par la BCE cessent fin 2018 et des hausses sont peut-être à prévoir pour fin 2019 avec le départ de Mario Draghi, sûrement pour 2020. Le risque est là : le cas italien en montre les effets sociaux et politiques.

Et en France ? Le mot est tabou, on parle pourcentages pour ne pas parler des sommes en jeu et des emplois menacés. Zombie, du créole zonbi : revenant. On en reviendrait mieux si on y allait plus courageusement !

8 avril 2018

40. LES VIEUX SONT-ILS INFLATIONNISTES ?

Un vieux oui, les vieux non. « Un vieux » oui : il consomme, surtout des services – tourisme et voyages en début de retraite, soins domestiques ensuite, soins médicaux après, et bien sûr sans produire. Sur la période 1955-2014 et sur 22 pays avancés, le vieux entre 65 et 79 ans serait responsable de 0,4% d'inflation en plus que l'indice total. Il est inflationniste, mais pas seul. Le jeune, entre 15 et 25 ans, l'est plus que lui pour 0,7%, lui qui consomme biens et services neufs, souvent chers, sans plus produire !

Mais « les vieux » ne sont pas non plus seuls : l'espèce humaine vieillit partout, en Italie et au Japon surtout, en Allemagne et en Chine ensuite, puis en France et aux États-Unis. En Italie et au Japon en 2050, il y aura 8 personnes de plus de 65 ans contre 10 entre 20 et 64 ans (« taux de dépendance des personnes âgées »), 7 en Allemagne, 6 en Chine, 5 en France et 4 aux Etats-Unis. Partout, sous le double effet de la baisse de la natalité et de l'allongement de la durée de vie, 85 ans à la naissance désormais, le vieillissement fait monter ce taux de dépendance. Pour l'ONU, Japon, Italie et Allemagne ont des « populations très âgées » (la part des plus de 65 ans y représente plus de 20% de la population totale). Celles de France et des États-Unis sont « âgées » (plus de 14%), la Chine vieillit, 10%, très vite.

Les pays les plus vieux ont peu d'inflation : 0,5% en Italie, 1,4% en Allemagne, 1,5% au Japon, avec beaucoup de dette publique : au Japon (2,5 fois le PIB) et en Italie (1,3 fois le PIB), l'Allemagne étant un modèle, avec 0,8 fois le PIB. Dans ces vieux pays, la déflation a frappé, éloignée par des achats de bons du trésor par les banques centrales. Ils ont fait baisser les taux d'intérêt et poussé à la croissance par la dette. Mais pour combien de temps ? Et la France, vieillissante, assez inflationniste (1,1%) et endettée (une fois le PIB), va-t-elle pencher vers l'inflation ou la déflation ? Comment analyser ce jeu de forces entre « le vieux » et « les vieux » ?

Oui, les personnes âgées sont inflationnistes parce qu'elles arrêtent de produire. Elles exercent une pression à la hausse sur la demande de biens et de services, et diminuent l'offre, sortant du marché du travail. Mais elles sont aussi déflationnistes, parce qu'elles arrêtent de produire ! Leur départ est une perte de compétences et de capital humain. Et la croissance future en sera plus faible. Elle sera aussi plus fragile en cas de chocs externes, sociaux, politiques, militaires... par manque du « ressort » imputé aux jeunes. En plus, « les vieux » consomment moins. Entre les 80 et les 40 ans d'aujourd'hui, c'est une consommation totale diminuée des deux tiers que l'on mesure en France : moitié moins de produits alimentaires, boissons et dépenses de logement, huit fois moins de dépenses de vêtements et chaussures, un tiers de moins de biens et services culturels. Certes, il y a autant de communication et bien plus de services (huit fois), mais avec des montants évidemment plus faibles.

Surtout, comment consommeront dans vingt ans les quadras d'aujourd'hui, et dans quarante les geeks actuels ? Voudront-ils plus de services, pour vivre plus longtemps chez eux ? Inflationniste ou déflationniste ? Achèteront-ils plus par internet, partageront-t-ils les logements et les moyens de transport, vont-ils communiquer et se cultiver plus de chez eux ? Déflationniste ?

Et quelles retraites, quand les « jeunes » seront « vieux » ? Si les retraités actuels et futurs vendent leurs actions pour conserver leur niveau de vie, l'effet sera déflationniste. Mais nous serons alors bien plus soucieux de la lutte contre l'inflation, à l'allemande. Les gouvernements d'aujourd'hui et de demain devront se soucier plus de la dette publique, aujourd'hui en mains françaises pour 44,5%, soit plus qu'il y a dix ans (32,2%). Attention, les vieux plus nombreux votent plus ! Au deuxième scrutin des législatives de 2017, le taux d'abstention des 18-24 ans est de 74%, celui des 70 ans et plus de 39%.

Eh oui, « les vieux » sont désinflationnistes. C'est une bonne chose si les entreprises s'adaptent à leurs besoins, si les politiques en profitent pour moderniser les structures publiques, réduire les impôts et moderniser les systèmes de soin, avec plus de suivi et de prévention. Sinon, les vieux se vengeront : ils épargneront plus, ce qui sera déflationniste, achèteront la dette allemande ou, pire, chinoise. Le vieux est l'avenir du jeune !

1ᵉʳ avril 2018

41. PLUS DE SALAIRES OU PLUS D'EMPLOIS EN FRANCE ?

L'emploi s'améliore, pas les salaires. 82 300 emplois sont créés au quatrième trimestre 2017, 268 800 sur l'année, le taux de chômage baisse à 8,9% et les salaires augmentent de 2%, avec une inflation à 1,2% : 0,8% de pouvoir d'achat. Tout ça pour ça !

Quelque chose s'est-il cassé, avec la crise, la concurrence mondiale, les robots? Le « Président des riches » est-il à l'œuvre ? La « cagnotte » qui naît... du moindre déficit budgétaire sera-t-elle enfin redistribuée ? Ces questions agitent les salariés, les syndicats, et perturbent les ménages. Ils sont plus pessimistes en février 2018 sur leur futur financier et leur capacité d'épargne, plus pessimistes aussi sur le niveau de vie en France. Ils ne voient pas de réduction du chômage et prévoient même une nette hausse de l'inflation. Inquiétude, impatience, préscience ?

Mais ces distorsions et interrogations ne sont pas seulement françaises. Aux États-Unis, même si le moral des ménages est au plus haut et le taux de chômage à 4,1%, le salaire réel a gagné 0,4% par heure sur un an, et 0,6% avec l'augmentation du temps de travail. En Allemagne, où le taux de chômage est de 3,6%, le salaire réel augmente de 0,7% sur l'année. La baisse du chômage fait peu augmenter les salaires, même en plein emploi !

On peut toujours se dire que ceci ne va pas durer aux États-Unis, avec la réduction de la main d'œuvre immigrée et les hausses de droits de douane, ou en Allemagne, avec la pénurie de main-d'œuvre qualifiée, en dépit des migrations et importations venant des pays de l'Est. Des poches de main d'œuvre demeurent peut-être aux Etats-Unis et sans doute en Allemagne. Mais il y en a évidemment plus en France, chez les jeunes, les femmes et les séniors. Comment les réduire ? Par la hausse des salaires pour attirer vers l'emploi, mais quels salaires ? Par la modération salariale, pour faire repartir la croissance par l'emploi, même peu qualifié, mais combien de temps faudra-t-il attendre ?

« Dans l'économie d'avant », la reprise faisait investir et baisser le chômage dans son ensemble, profitant ensuite à tous les salaires. Elle attirait plus de main-d'œuvre et augmentait le temps de travail. « Dans l'économie d'aujourd'hui », la reprise divise. Aux États-Unis, elle fait chercher des techniciens de données à côté de personnes peu ou pas qualifiées. Les uns prévoient et préparent, avec algorithmes et robots, le travail des autres. A eux de suivre les requêtes, de porter les objets, d'aider les personnes âgées, de servir dans les *fast food*. Les experts voient leurs salaires monter, les non-experts s'inquiètent, même en plein emploi, menacés par l'ubérisation. Ils changent plus d'employeur, mais le gain est modeste. Et les catégories intermédiaires, en crainte de déqualification, ne revendiquent pas. Quant à l'investissement, il augmente modérément : les entreprises vont mieux, se désendettent, rachètent leurs titres et gardent des liquidités.

« Dans l'économie d'aujourd'hui », les délais s'allongent entre activité, emploi, salaires et inflation. Alors, comment accélérer la machine ? Par quel bout s'y prendre ?

On aura compris : par l'emploi et la modération salariale, avec formation pour tous. En France, dans l'industrie manufacturière d'aujourd'hui, les salaires horaires réels augmentent peu et régulièrement. Ils coïncident désormais avec la productivité, aidant l'export, crucial pour le futur. Il faut continuer ainsi. Mais dans le secteur marchand au sens large, donc dans les services, l'écart se creuse entre salaire réel, en hausse, et productivité, qui ralentit. S'il se creuse encore, il fera monter l'inflation et pèsera sur l'emploi de tous.

Le risque, c'est qu'on ne voie pas que, dans l'industrie française, la modération salariale et surtout les fermetures d'entreprises ont à peine remis les pendules à l'heure de la compétitivité, base pour repartir par l'exportation. Il faudra du temps pour muscler les entreprises. Il n'y faudra pas de hausses générales de salaires mais individuelles, avec primes et packages adaptés à chacun : formation surtout, horaires aménagés, retraites… En revanche, une augmentation générale des salaires dans les services y fragilisera les entreprises (le taux de marge est de 10% dans le nettoyage, qui emploie 300 000 personnes à temps plein) et fera pression, par ricochet, sur le secteur industriel et exportateur.

« L'économie aujourd'hui » doit mettre l'emploi de tous en avant. Avec la formation, le salaire suivra.

25 mars 2018

42. L'EURO EST IRRÉVERSIBLE, DONC AUSSI LA ZONE EURO ?

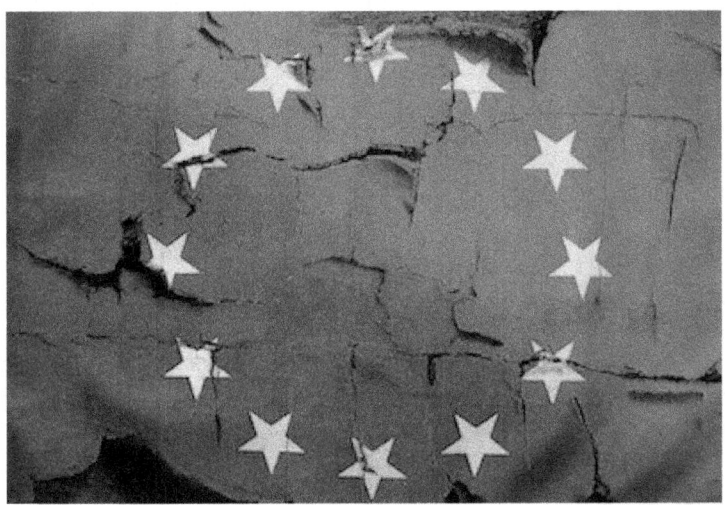

Mario Draghi le répète le 8 mars, répondant à une question sur l'Italie après les élections : « l'euro est irréversible ». Il n'y a donc pas à s'inquiéter, même avec une croissance qui irait de 2,5% en 2017 à 2,4% en 2018, 1,9% en 2019 et 1,7% en 2020, et même si l'inflation atteindrait 1,7% seulement en 2020. « Confiance-persévérance-prudence », pour reprendre la trinité Draghi ! D'ailleurs, l'euro est assez fort : 1,23 pour un dollar. Pas à s'inquiéter… ?

Pourtant, le Brexit ne se passe pas bien. Les entreprises veulent que rien ne change, avec une frontière avec l'Irlande *frictionless* ! Certains conservateurs anglais voudraient très peu d'écarts avec l'Union, sauf ceux qui demandent une rupture. Et tous veulent se rabibocher avec les Etats-Unis et plus d'échanges avec la Chine ! Et la rupture est le 29 mars 2019 !

Des calculs comptables montrent que les entreprises britanniques devraient payer 30 milliards de taxes nouvelles et les entreprises européennes 35 milliards : celles-ci seraient donc moins affectées, compte tenu de leur poids relatif. Les secteurs touchés seraient l'automobile côté allemand, l'agriculture côtés allemand, français et irlandais et la finance, évidemment, côté britannique. Mais les entreprises réagissent déjà : ces calculs seront déjoués. Les chaînes de production seront changées dans l'automobile, peut-être au bénéfice de l'Espagne, et l'Allemagne devrait profiter des restructurations financières, aux dépens de la City. Un départ sans tensions n'est pas possible. Le Royaume-Uni pourrait alors attiser les divisions tant au sein de la zone qu'avec ses partenaires à l'Est. Stormy.

Pourtant, l'Italie se cherche une majorité politique, après les élections du 4 mars. Les marchés financiers restent tranquilles : la bourse résiste et les taux longs sont à 2%, car la dette publique est désormais majoritairement en mains italiennes (66%). Mais la croissance du pays reste à 1,6%, le taux de chômage à 11,1% et l'endettement à 132% du PIB, stabilisé depuis quatre ans. La population baisse, beaucoup de jeunes quittent le pays. La productivité est au niveau de 1990. L'investissement, même en reprise, est encore 20% au-dessous de l'avant-crise de 2007. Sans réformes puissantes, les exportations seront sous pression, donc la croissance et l'emploi. Pericoloso.

Pourtant la France rêve de « cagnotte » ! Eurostat vient d'accepter la proposition de Bercy de répartir sur deux ans le remboursement de la taxe à 3% sur les dividendes, jugée inconstitutionnelle. Le déficit sera de 2,8% en 2017 et 2018, la croissance serait de 1,9% en 2018 pour la Banque de France et 2,2% pour l'OCDE. Mais il n'y a pas à pavoiser : la loi de programmation des finances publiques prévoit que le solde budgétaire restera à -2,9% en 2019, pour aller à -1,5% en 2020, -0,9% en 2021 et -0,3% en 2022. Fin 2022, le ratio dette/PIB serait de 91,4%. Nous ne sommes pas sortis de l'auberge, avec 327 milliards d'euros de dépenses en 2017 et 235 de recettes ! Mais Brigitte Bourguignon, présidente de la Commission des affaires sociales à l'Assemblée, souhaite un « coup de pouce » à la prime d'activité et la relance des heures supplémentaires défiscalisées. Joël Giraud, rapporteur général du budget, réclame de *« redistribuer une partie de cette bonne fortune fiscale ». Appeler « bonne fortune » la réduction du déficit renvoie à la « cagnotte » de Jacques Chirac, contre Lionel Jospin en 2000. Elle l'avait poussé à « la redistribuer » et pas à se désendetter, puis à perdre.* Dangereux.

Surtout, l'Allemagne doit changer de stratégie : c'est d'elle que tout dépend. Sa croissance a été remarquable, avec ses exportations dans et hors de l'Union, plus la protection de l'Otan, en étant la plus fidèle alliée des

États-Unis. Or l'Union et son marché ne sont plus aussi stables, le soutien américain à l'Otan moins assuré. Il va falloir que l'Allemagne investisse bien plus dans la défense (1,2% de son PIB contre 2,3% pour la France en 2016), dans ses infrastructures, et accepte un budget européen conséquent, pour assouplir les aléas de la conjoncture et préparer un ralentissement qui viendra, tôt ou tard. Achtung !

C'est bien d'être budgétairement vertueux ou vert, mais peut-être faut-il renforcer la démocratie, contre les cyber-attaques, russes ou autres. Les tensions montent partout, largement du fait des migrants venus d'Afrique, et ce n'est qu'un début. La zone euro doit regarder plus loin que le bout de son euro.

18 mars 2018

43. PRENDRE TRUMP AU SÉRIEUX

Trump agit comme si les États-Unis étaient en guerre avec la Chine. Une Chine maligne, comme on le voit avec la Corée du Nord et qui sous-traite à la Russie ses opérations informatico-politiques. Une Chine pour qui l'Union européenne est son terrain d'expansion : un marché pour y vendre et des entreprises à acheter. Une Union Européenne qu'il affaiblit en soutenant le Brexit, et où il met ses « alliés historiques » au pied du mur, en leur demandant de s'occuper plus de leur sécurité en lui achetant plus ses avions et ses tanks, en s'équipant en cyberguerre, donc de moins compter sur lui, par Otan interposé !

Trump veut surtout renforcer son camp de base, les États-Unis, en y baissant les impôts pour aider ses entreprises et attirer les capitaux étrangers, en réduisant ses déficits commerciaux par les taxes aux importations et en forçant les américains à travailler plus. Trump veut aussi renforcer son indépendance énergétique. Avec son charbon et son pétrole de schiste, c'est le premier producteur pétrolier mondial à 15 millions de barils/jour, devant l'Arabie Saoudite à 10 et la Russie à 11. Il dicte les prix ! Trump se lance enfin dans une nouvelle course aux armements, avec ses multinationales du calcul, de la surveillance, des réseaux et de la géolocalisation, contre la Russie comme au bon vieux temps, et désormais contre la Chine avec son deuxième porte-avions (il en a onze).

Bien sûr, l'homme est fantasque et impatient. Il est plus exposé que Xi Jinping ou Putin à des infos sur sa fortune personnelle - ou sentimentale, démocratie oblige. Il ne peut cesser de tweeter, ce qui capte à peu de frais l'attention des analystes et autres experts. Surtout, il ne peut se découvrir par rapport aux responsables russes (donc chinois) qui ont tant fait pour son succès, craignant si profondément Hillary Clinton. Il doit continuer à les faire rire, à les affaiblir et embêter, sans leur faire comprendre qu'ils se sont trompés de cible. Hillary s'occupait de « valeurs » et de « démocratie », lui d'économie, et il a besoin qu'ils achètent ses bons du trésor ! Et ce Procureur Robert Mueller, qui enquête sur les ingérences russes (qui l'ont aidé), ennuie plus Putin que lui !

Il faut prendre Trump au sérieux, mais sans le (lui) dire. Lui doit continuer à jouer serré, fou qui ne l'est pas tant que cela, en tout cas pas que cela. En continuant son double jeu chinois : professions d'amitié à Xi Jinping, surveillance de ses investissements aux Etats-Unis et taxation de ses exportations d'acier, il met son impassibilité à l'épreuve. En maintenant l'alliance contre nature entre Russie et Arabie saoudite, qui toutes deux se restreignent, il peut exporter plus de pétrole et profiter des prix élevés qu'elle lui permet ! Son élection a été bien calculée, en jouant sur les oubliés qu'Hillary avait appelés : *a basket of deplorables*. Trump a visé, avec l'aide de matheux, les Etats qui pouvaient basculer et lui apporter les « grands électeurs » nécessaires, pas le vote populaire qu'il savait devoir perdre (de 2,8 millions de voix). Et ces *deplorables* sont toujours avec lui !

Dans cette situation, comment jouer, nous ?

D'abord, souligner et tenter d'endiguer les outrances de Trump, cela fait partie de son jeu, un jeu dangereux. Il pourrait le pousser à quitter l'accord de Paris sur le climat ou l'Organisation mondiale du commerce, où il est de plus en plus seul. Sa stratégie de renforcement contre la Chine peut aussi l'isoler, elle qui multiplie les alliances, les crédits et les douces « routes de la soie ». La montée aux extrêmes de Karl von Clausewitz est, pour l'heure, contenue des deux côtés. La Chine s'inquiète du « piège de Thucydide », cette guerre entre Sparte (États-Unis) et Athènes (Chine), avec Sparte obsédée par l'avancée athénienne. Rivaliser sans guerroyer, c'est l'idée (officielle) chinoise, et son tour aux Jeux d'hiver de rapprochement des deux Corées l'a bien montré. Se préparer à guerroyer, c'est l'idée (officielle) de Trump, pour faire plus dépenser la Chine et la dépouiller de sa douceur de panda.

Ensuite, entre Sparte et Athènes, nous pouvons être entremetteurs. Mais les frictions entre empires, l'un qui veut revenir un demi-siècle en arrière et l'autre cinq, ne sont jamais douces. Pire, nous sommes obnubilés par le Brexit, ce qui est stupide, désunis et désarmés, ce qui est intenable. Prendre Trump au sérieux est obligatoire, s'il réussit et surtout perd ; Xi Jinping plus encore, car il restera Président, lui.

11 mars 2018

44. PARTAGER LES VÉLOS EN VILLE, OU S'AMUSER À LES CASSER ?

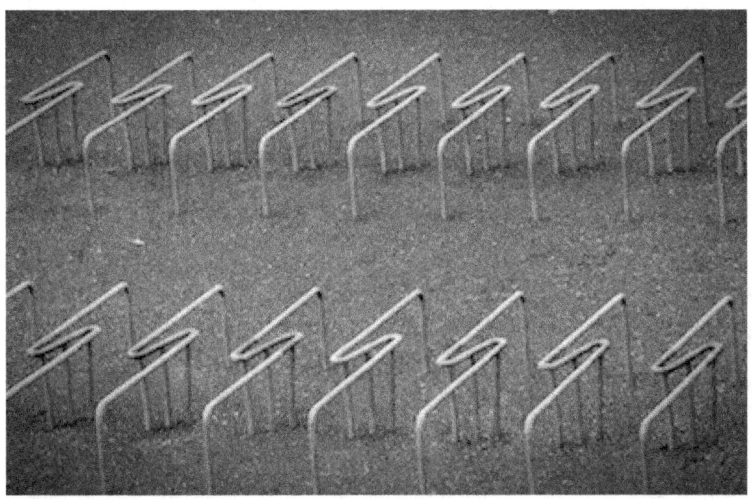

A Reims en novembre 2017, la société hongkongaise Gobee installe 400 vélos en *free floating*. C'est, dit-elle, une révolution : on prend (pour pas cher) un vélo (vert) où on veut, on va où on veut, on le laisse où on veut. Début janvier, 20 de ces vélos roulaient encore et la compagnie abandonne. Même chose à Paris, après Lille, comme en Belgique, en Espagne ou en Italie. Sachant que les « Vélib' » JCDecaux, « fixés », ont disparu, la Ville de Paris préférant le *free floating*…

Pourtant, le site de la société Gobee annonce (encore) : « Une révolution pour vos trajets quotidiens. La meilleure façon de se déplacer rapidement et simplement en ville. En seulement deux clics, vous pouvez désormais localiser un vélo Gobee à proximité et vous rendre à la destination de votre choix, et sans contrainte. Que ce soit pour aller au café du coin, au bureau ou à la maison, vous trouverez toujours un vélo Gobee pour vous y rendre.

Et ce pour seulement 0,50€ ! Gobee, la liberté en ville ! ». Mais voilà : « sur les mois de décembre et janvier, la destruction en masse de notre flotte s'est amplifiée en devenant le passe-temps d'individus, le plus souvent mineurs, encouragés par des contenus largement diffusés et partagés sur les réseaux sociaux » dit la société, sans ici évoquer d'éventuels problèmes de solidité.

Pourtant, les raisons économiques en faveur de l'économie de partage en général, plus encore celles du *free floating*, abondent ! L'économie du partage de vélo est d'abord une « économie du vélo », efficace, sportive, silencieuse, respectueuse de la ville et de l'environnement. L' « économie du partage », ensuite, optimise les investissements et réduit les gâchis. Il y aura moins de trajets en automobile avec seulement son chauffeur, moins d'embouteillages ! L' « économie du *free floating* », enfin, réduit les investissements pour attacher et parquer les vélos, supprime les transports par camions spécialisés entre lieux où les vélos manquent et ceux où ils sont en excès. Bref, cette combinaison des trois économies, vélo, partage et *free floating*, doit l'emporter sur ses inconvénients : les accidents et les emprises urbaines, sachant qu'elle est bien moins coûteuse et polluante que le « vieux » Vélib'.

Mais les comportements ne sont pas ceux qu'on attendait. Des études de 2008-2010 (sur Paris, Lyon, Barcelone et Montréal) montrent que le vélo remplace surtout le bus ou le métro, pour un trajet sur deux, la marche pour un trajet sur quatre et l'automobile… pour un sur dix ! L'inverse de l'objectif recherché !

Surtout, le pire est à venir. Alors que les théories en faveur de l'économie du partage fleurissent, les vélos se cassent. Et, là aussi, les raisons abondent. De nombreuses raisons, au début contre le Vélib', ont été techniques. Certains ont dit que le vélo n'était pas pratique, pas très beau et trop lourd (?). La société JCDecaux a procédé à diverses améliorations en matière de solidité, de sécurité et, bien sûr, de géolocalisation.

On nous a dit ensuite que la délinquance des jeunes est *« un phénomène universel, une délinquance qui dépend entre autres de la densité urbaine. Or, Paris est la ville la plus densément peuplée d'Europe. »* Elle atteint en effet plus de 20 000 habitants / km² contre 5 500 à Londres ou 3 900 à Berlin. On ajoute qu'en France l'espace public est peu respecté, pas considéré comme le prolongement de la maison, comme aux Pays-Bas ou en Allemagne. Mais la crise frappe partout !

Et on ne peut éviter les explications plus sociologiques encore, liées à une réaction négative à l'innovation qu'est « ce » vélo, à son intrusion dans le paysage urbain, à son côté « bijou de Paris », à l'image « bobo » de son utilisateur, notamment dans des arrondissements moins riches ou des banlieues «difficiles » (Saint-Denis).

Par malheur, nous n'en sommes pas à « un modèle de co-création entre utilisateurs et entreprises qui permet un processus d'apprentissage social d'un côté et la création de liens sociaux puissants entre innovations et soutenabilité de l'autre », comme le propose une étude récente de l'université Tonji à Shanghai ! La France a le plus haut niveau mondial de vol et de vandalisme de tous les systèmes de partage de vélo, selon une étude du FMI.

Et si, au lieu d'investir dans ces systèmes de partage, on soutenait l'instinct de propriété de chacun pour son vélo, la ville offrant plus de possibilité pour l'attacher ? Moins d'idéologie, plus d'arcs et de piquets !

4 mars 2018

45. 2% D'INFLATION : LA LIGNE MAGINOT DE LA ZONE EURO

Illustration : Matthiashn (CC BY 2.0)

Un peu moins de 2% d'inflation à moyen terme en zone euro, près de ce chiffre chez chaque membre, et stable : c'est l'objectif de Mario Draghi. Il le répète constamment. Un objectif qui réclame « patience et persistance », comme il le dit aussi (souvent). Mais nous n'y sommes pas, avec cet euro qui monte, ces marchés financiers nerveux, ce chômage élevé, ces élections partout, ce Brexit...

Pourtant, l'essentiel n'est pas là. Nous pensons que nous regrouper derrière cet objectif commun nous protège parce qu'il nous unit, comme la ligne Maginot en son temps. Or c'est illusoire. Nous nous épuisons à renforcer cette ligne (marché de capitaux, union bancaire, règles communes), mais oublions deux points essentiels : dès le début, le plan de la ligne Maginot était politiquement partiel, et comme avec les tanks, les outils de souveraineté militaire ont changé.

D'abord, les plans de la ligne Maginot à 2% d'inflation sont incomplets. Ils ont été dessinés pour être signés par tous les membres de la zone euro, Allemagne en tête. Pour elle, bien gérer la monnaie et le crédit, c'est précéder l'inflation, organiser les anticipations de salaires, donc de profit, d'investissement et d'emploi. L'euro peut alors être commun, mais à condition que les budgets restent sous la responsabilité de chaque pays. Sauf crise exceptionnelle, les voisins n'aident pas. Les soutiens à la Grèce, à l'Espagne ou au Portugal ont répondu aux risques majeurs que les crises de ces pays faisaient porter sur tous, et encore sous conditions et surveillances multiples !

Une nouvelle fois, ceci ne corrige pas les lacunes du plan. Christine Lagarde, à Paris le jeudi 14 février, le reconnaît. Il faut *« mettre en place un mécanisme de solidarité au niveau de l'union bancaire »*, sachant que *« quatre pays ont des stocks de créances douteuses »*. Il faut aussi un marché européen des capitaux *« pour permettre une alternative de financements au secteur bancaire qui sont prédominants dans la zone »*. Il faut enfin une capacité budgétaire commune au sein de la zone : *« cela permettrait d'avoir des politiques contracycliques quand c'est nécessaire... On sait bien qu'il y a une hostilité de l'Allemagne... mais si on respecte les objectifs budgétaires, on peut également renforcer les mécanismes de solidarité »*.

Tout est dit, sauf l'essentiel : pourquoi donc les grands pays ont-ils tant de difficultés à « respecter les objectifs budgétaires », hors Allemagne ? Parce qu'ils ont laissé mener une concurrence fiscale et sociale, poussant à plus de flexibilité et à une concurrence prédatrice, sans avoir les moyens de la compenser par leur avance technologique et commerciale. L'Allemagne résiste, par l'automobile et la machine-outil, mais pour combien de temps ? Et les autres secteurs, et les autres pays ? L'Irlande taxe, chez elle, à 12% les entreprises sur les revenus perçus dans la zone ! Le Luxembourg attire les capitaux des autres, en les taxant moins. Le Portugal exonère d'impôt les retraités qui le rejoignent... Et ainsi de suite : une zone monétaire crée une concurrence plus saine sur plus vaste étendue certes, mais à condition de respecter des règles et normes communes, et surtout de limiter la concurrence fiscale. Autrement, le moins-disant fiscal escorte le moins-disant social, creusant tensions et déficits internes, fiscaux, économiques, sociaux et militaires. La ligne Maginot se fracture. Un budget commun est indispensable, que l'Allemagne n'est pas (encore ?) près d'accepter. Sans ce renforcement budgétaire et politique, la ligne ne tiendra pas.

Et que faire alors, face aux nouveaux tanks ! Cette ligne Maginot n'est pas à jour. Protéger un « marché unique » implique que l'on dispose des trois outils actuels de la puissance : une industrie de microprocesseurs, des réseaux de communication et des satellites. Or nos outils de communication, pourtant colonne vertébrale de notre vie économique, sociale et politique, peuvent être espionnés, pollués, piratés, sans avoir les moyens de créer les nôtres, au standard mondial. Et que faire contre ce qui se prépare pour nous diviser, effrayer, intoxiquer ? Où est la politique industrielle qui produira les armes qui garantissent notre démocratie ?

Se protéger, ce n'est jamais attendre derrière une ligne, mais avancer avec les outils de la puissance : budget, moyens militaires et outils de communication modernes. Autrement, on regarde l'inflation à la jumelle.

25 février 2018

46. LES REPRISES ÉCONOMIQUES NE MEURENT JAMAIS DE MORT NATURELLE...

Il faut donc les tuer ! 104 mois ! Voilà plus de neuf ans que la reprise américaine est parmi nous, juin 2009, après cette Grande récession qui avait fait craindre un nouveau 29. Elle résiste, mais elle est poussive et vieille. Devant elle, par ordre de longévité, on trouve l'expansion de 106 mois en 1960 et, record absolu, celle de 120 mois, en 2001. Va-t-elle continuer de vivre ?

Qui serait le tueur ? Toujours le même, sauf guerre ou catastrophe naturelle : le *serial killer* patron de la banque centrale, Jerome Powell aux Etats-Unis, qui vient de succéder à Janet Yellen. De par sa description de poste, « lutter contre l'inflation au-delà de 2% », c'est toujours lui, directement ou non, qui est à la manœuvre. Il calmera d'abord l'ambiance :

« attention à l'inflation ». Puis inquiètera en augmentant vite les taux d'intérêt, ce qui pèsera sur les profits jusqu'à étouffer la croissance : « les risques inflationnistes montent » ! Les taux sont alors si élevés qu'il est très risqué d'emprunter : mieux vaut placer ses liquidités à court terme, en attendant que « ça craque ». Que les prix baissent. Lesquels ? Tous : maisons, actions, bons du trésor. L'argent cher stoppera le crédit et gonflera l'épargne : la reprise mourra, mais pas de mort naturelle.

D'où viendra le tir ? Des Etats-Unis toujours, suite cette fois à la politique de Donald Trump de « forçage » de la croissance au-delà du plein-emploi, plus baisses d'impôts et grands travaux ! Jerome Powell appuiera sur la gâchette en montant trois à quatre fois les taux courts en 2018, puis deux fois au moins en 2019. On sent la surchauffe : taux de chômage à 4,1%, taux d'emploi à 60,1% (et qui peine à remonter), pénuries d'emplois qualifiés, immigration limitée ! Les salaires horaires ont brusquement grimpé de 2,9% sur un an fin janvier, déclenchant une hausse des taux longs et une violente baisse boursière. Tout semble s'apaiser aujourd'hui, mais les enquêtes montrent que les consommateurs/salariés attendent d'autres hausses des prix. Pas le choix : Jerome Powell tirera. Les taux courts seront bientôt à 3% et les longs à peine au-dessus, signe du retournement de l'économie en récession pour les marchés financiers. Quand : dans deux ans ? Assez pour battre le record de plus longue expansion de l'histoire économique américaine : le meurtre parfait !

Et ici, dans deux ans ? 1,9% de croissance en France en 2017, autant en 2018 et 2019, avec 1,4% d'inflation : rien ne menace... sauf. Rien non plus en zone euro, où la croissance accélère à 2,7% et l'inflation décélère à 1,3%... sauf. Sauf si les hausses salariales obtenues par IG Metall font des émules (+4,3% en avril, plus primes et augmentations diverses étalées sur 27 mois). Les fonctionnaires allemands devraient s'y mettre, peut-être donner des idées aux Pays-Bas – et, qui sait, ici – malgré le chômage. Aussi longtemps que Mario Dragui est aux commandes (octobre 2019), ce n'est pas lui qui devrait tirer, mais son successeur (allemand) ?

Et que va-t-il alors se passer, avec des taux à peine au-dessus de zéro et un endettement public tout juste stabilisé ? Quelles marges de manœuvre aurons-nous, face à des Etats-Unis qui pourront baisser leurs taux, avec une dette publique qui pourra remonter, « exorbitant privilège » du dollar oblige ? Jerome Powell tuera la reprise américaine et les efforts de Draghi ! *Serial killer* plus *mass murderer* !

Surtout, puisqu'on connaît toujours la fin de cette histoire cyclique, pourquoi pousser toujours les feux de la croissance ? Pourquoi donc les patrons repartent-ils toujours à l'attaque, s'ils savent qu'une boucherie les attend, après la fête? Pourquoi ne pas préférer loyers, abonnements, bons du trésor et autres rentes ? Trois réponses : les rentes aussi sont risquées (le loyer sera-t-il payé ?), elles rapportent moins, surtout elles ne sont pas palpitantes.

Ce sont les « esprits animaux » (Keynes) qui sont à l'œuvre, pas le profit de Marx, mais la soif d'avancer, débroussailler, risquer. Ces « esprits » font la croissance, mais ne se dosent pas. Ils poussent les hauts économiques trop hauts, forçant le banquier central à tirer, puis les bas plus bas. Aujourd'hui, entrepreneurs et ménages français, après avoir douté de la reprise, y croient. Il faut donc qu'ils continuent, mais pour nous renforcer, en épargnant, et nous protéger ainsi des balles (américaines) perdues ! Esprits animaux européens contre américains : soyons moins « bêtes » !

18 février 2018

47. CHUTE DES MARCHÉS FINANCIERS : À QUI LA FAUTE ?

Le Docteur Knock le disait : « La santé est un état précaire qui ne laisse présager rien de bon ». Tout allait si bien, aux Etats-Unis ! La croissance était revenue, après cette crise de 2008 qui avait fait si peur. On avait craint un nouveau 29. Le bon Docteur Bernanke, patron à l'époque de la Banque centrale américaine, avait alors acheté des tombereaux de bons du Trésor, avec l'argent qu'il créait (la « machine à imprimer » de la Fed), pour éviter le pire et la déroute du dollar. Ayant terminé son mandat, il passe sa blouse au bon Docteur Janet Yellen qui continue, plus ses propres dosages : baisse du taux de chômage, hausse du taux d'emploi. Mais elle est poussée vers la sortie fin janvier (par Donald Trump), laissant une économie en croissance (2,6%), en plein emploi (4,1% de taux de chômage) et sans beaucoup d'inflation (2,1%). Arrive son successeur, Jerome Powell, pour administrer la clinique Trump et ses propres potions.

Plein emploi sans fièvre : il fallait faire attention ! Les salaires horaires se mettent un peu à monter en janvier, 2,9% sur un an contre 2,6% en décembre, mais ce « un peu » déclenche l'alarme. L'inflation s'est réveillée ! De fait, cette longue reprise de l'économie américaine jusqu'au plein emploi sans inflation avait de quoi inquiéter. La courbe de Phillips est-elle morte ? Cette (vieille) relation qui rapprochait le taux de chômage du taux d'inflation (moins de chômage implique plus d'inflation) et guidait la Banque centrale ne marchait plus ? Que se passe-t-il si cette « courbe » devient « horizontale », si la baisse du chômage ne fait plus monter le taux de salaire ?

L'explication de Janet Yellen n'est pas que la courbe est plate, mais qu'elle l'est devenue le temps de digérer la crise de 2008. Et comme l'économie va mieux, la courbe se redresse. Mais le corps économique américain a changé. Pendant des mois, le taux de chômage a baissé aux Etats-Unis (de 10 à 4,1%), sans faire monter les salaires et les prix. Le souvenir traumatisant de la crise, plus la concurrence mondiale, plus les nouvelles technologies, ont changé les comportements. Les consommateurs/salariés sont plus sensibles que jamais aux prix et plus désireux de circuits courts, sachant qu'en même temps les entreprises optimisent leurs chaines de production. Les nouvelles technologies pèsent sur les emplois répétitifs (pour les mécaniser) et sur les personnes peu ou pas assez formées, tandis que les salaires des experts montent. Cette hausse salariale localisée ne se voit pas trop, jusqu'à ce que les effets de la baisse des taux et de la désinflation soutiennent suffisamment la demande pour qu'elle reparte, par exemple dans la construction, et l'emploi avec, puis l'inflation.

C'est ce brusque réveil inflationniste qui se manifeste quand Donald Trump met en place, et surtout vante, sa réforme fiscale. Ce sera plus de salaires et de bonus, plus de revenu disponible pour tous, plus de dépenses pour la défense, au moment même où le Congrès n'arrive pas à boucler son budget et où la dette publique américaine s'approche de son plafond, sans accord du Congrès non plus ! Et sans compter que Donald Trump veut lancer des grands travaux !

Voilà à qui la faute : Donald Trump est coupable d'excès de bonnes (et moins bonnes) nouvelles, sur une économie en bonne santé ! Pousser la croissance à la surchauffe, avec une bourse déjà au plus haut, creuser un déficit budgétaire déjà excessif, c'est trop de vitamines. Et où mènera cette thérapie de choc, dans un climat politique, interne et externe, aussi tendu ? C'est trop d'hypertensions !

D'où la baisse de pression financière en cours. Et après ? Aux Etats-Unis, les pertes financières suscitent des regrets chez ceux qui les ont subies, et des attentes de réinvestissement chez ceux qui les ont évitées, ayant (heureusement) vendu plus tôt. Les premiers vont attendre pour se refaire, les autres attendre « le point bas », pour bénéficier au plein de la remontée. Tout ceci devrait être bref, compte tenu de la qualité des entreprises américaines et du statut du dollar, même écorné. Mais le patient, qui allait lentement mieux avec Yellen, est sonné avec Trump.

Problème : le choc sera plus pernicieux en zone euro. Elle est en expansion, dit le bon Docteur Draghi, mais c'est récent et fragile. Touchée au moral par la correction en cours, avec un euro qui monte, elle peut sinon rechuter, du moins stagner. Ça vous chatouille, de nous gratouiller, M. Trump ?

11 février 2018

48. *FRANCE IS BACK!* SES PROBLÈMES AUSSI

1,9% de croissance en 2017, sinon 2% et, pour le prudent FMI, 1,9% aussi en 2018 et 2019 ! Selon l'indicateur Markit des Acheteurs publié le 24 janvier, la forte expansion du secteur privé se poursuit. Mieux, elle continue de reposer sur une augmentation des nouvelles affaires. « Le taux de croissance des nouvelles commandes reçues par les entreprises privées françaises atteint, en janvier, son plus haut niveau depuis avril 2011 ». Les carnets de commandes se remplissent, les perspectives d'activité restent bien orientées. L'Insee calcule en janvier que le climat des affaires s'améliore dans l'industrie (et ceci depuis des mois) et fléchit à peine dans les services. Le niveau de décembre a été, pour l'ensemble de l'économie, le plus élevé depuis dix ans !

La bourse est assez en forme, au-dessus de 5 350 points pour le Cac 40, presque son plus haut depuis dix ans, pas si loin du record à 6 000 de 2007, mais encore loin du maximum à 6 945, le 4 septembre 2000 : ne rêvons pas ! La vraie nouveauté est que cette reprise se produit avec des taux encore bas, à 1% pour l'emprunt à dix ans, alors que l'inflation est à 1,2% !

Une reprise avec des taux si bas, et sans inflation ! Mais tout n'est pas si rose.

D'abord, le marché du travail est rompu. D'un côté, il y a plus de chômeurs peu ou pas qualifiés ; d'un autre, les emplois qualifiés manquent. La baisse des chômeurs de catégorie A (-15 700 sur un an de personnes sans emploi et libres immédiatement à temps plein) est malheureusement compensée par les hausses des chômeurs à temps contraint court : +28 600 (catégorie B, en activité moins de 78 heures dans le mois) et, surtout, des nouveaux entrants en catégorie C : +135 600, (en activité plus de 78 heures dans le mois). Ces chômeurs supplémentaires travaillent déjà mais veulent travailler plus, sans trouver. Leurs qualifications ne suffisent pas : il faudra pour eux encore plus de croissance et de formation.

D'un autre côté, 32% des entreprises citent (en octobre 2017) l'indisponibilité d'une main-d'œuvre compétente comme frein à l'embauche, et donc à leur développement. Elles sont 29% à la signaler dans les services, 38% dans l'industrie et 50% dans la construction. En comparaison, le frein de l'« incertitude économique » pèse moins : 25%.

Ensuite, face à cette pénurie, les coûts salariaux des personnels compétents montent. « La forte demande clients continue de soutenir les embauches en janvier, l'emploi progressant ainsi pour le 15ème mois consécutif » note Markit. Les salaires ont partout tendance à augmenter, ce à quoi s'ajoutent les hausses des prix des matières premières (pétrole, acier, cuivre…) dans l'industrie. Les entrepreneurs voient monter leurs coûts (ils étaient 20% à signaler les « coûts liés à l'emploi » comme frein à l'embauche en octobre à l'Insee) et vont tenter de les « faire passer », profitant de la reprise. Les prix des achats se dressent ainsi, toujours selon Markit, à leur plus haut niveau depuis 80 mois. « Les coûts augmentent à un rythme élevé… les prix de vente augmentent également à un rythme plus soutenu en janvier… les entreprises cherchant à répercuter la progression de leurs coûts sur leurs clients. »

Mais, c'est là le hic, payer des salaires plus élevés et répercuter les hausses n'est pas aussi facile pour les petites entreprises que pour les grandes. Si la contrainte de manque de compétences est perçue comme la même pour tous, en revanche 17% des grandes entreprises ont des problèmes de « coûts liés à l'emploi », autrement dit pour payer, 19% des ETI (Entreprises de Taille Intermédiaire), mais 29% des PME.

Cette reprise ne frappe pas pareil à toutes les portes. Elle peut oublier des salariés et des chômeurs insuffisamment qualifiés. Elle peut affaiblir des

PME qui ne pourront payer ou renforcer les compétences dont elles ont besoin, sans pouvoir répercuter les hausses de leurs charges. On perçoit ces craquements dans la construction, l'agriculture, les services aux entreprises.

Il y a un risque de freinage global à ne pas soutenir partout la formation, pas assez les PME par la simplification des procédures, et la construction - par celle des normes. On voit les dangers de cette reprise lente et inégale, donc ce qu'il faut faire pour ne pas avoir, comme on le voit, plus de chômeurs de longue durée et plus d'inflation, plus d'importation et de déficit budgétaire, plus de PME larguées et, en plus, des taux d'intérêt en hausse. *France is back, if we change!*

4 février 2018

49. UN *SHUTDOWN* EN FRANCE ?

Pourquoi pas ? La leçon serait excellente ! Pour l'instant, le *shutdown* est une spécialité américaine, comme on l'a vu du vendredi 19 janvier minuit (« heure de Washington ») jusqu'au lundi, en attendant le 8 février, limite de la rallonge qui vient d'être votée ! Cette fermeture des fonctions « non essentielles » de l'Etat (on parle de 870 000 personnes) se produit quand le Congrès n'est pas d'accord pour augmenter le plafond légal de la dette. Officiellement fixé à 20 000 milliards de dollars, il est dépassé depuis septembre 2017. Divers trucs ont été utilisés pour trouver des ressources, mais c'est fini. Pour l'horloge de la dette américaine, qui fonctionne en temps réel, nous en sommes à plus de 20 600 milliards !

La nervosité est palpable. Les employés « non essentiels » resteraient chez eux, plus payés. Les autres viendraient au bureau, en espérant que l'arrêt sera bref. Les soldats sont payés jusqu'à fin février. Il faut trouver une solution durable. En attendant, le Trésor est censé payer ses dépenses à partir de ses ressources, autrement dit des impôts reçus – qui ne suffiront pas, et ne peut émettre de dette. En plus, la loi fiscale qui vient d'être votée creuse le déficit par des baisses d'impôts, surtout pour les entreprises, dans l'espoir de faire accélérer l'économie, pourtant en plein emploi ! Avoir des dettes en excès du plafond autorisé, au moment même où on vote une loi qui va les faire monter d'au moins 1500 milliards de dollars sur dix ans : il fallait le faire !

« Les Etats-Unis sont en faillite » : la rumeur peut se répandre si la sortie du *shutdown* n'est pas rapidement trouvée. Il faudra relever de beaucoup le plafond de la dette, ce qui voudrait dire accepter certaines demandes des Démocrates sur l'immigration. « Ne pas exiler les jeunes nés aux Etats-Unis et sans papiers » contre « financer plus de dépenses d'armement », plus le déficit budgétaire courant, plus celui né des baisses d'impôts : le plafond n'a pas fini de monter ! Et, avec lui, les tensions politiques et les taux d'intérêt !

Et en France ? Pas de plafond. Les députés votent le budget, en déficit depuis des années, sans voter sur un quelconque « plafond de la dette ». Quel bonheur ! Le ratio dette publique/PIB est ici à 96%, aux Etats-Unis à 106%. Faute de plafond légal, nous sommes mentalement obsédés par les critères de Maastricht, sans les respecter. Ils fixent à 3% du PIB le maximum du déficit budgétaire (maximum qu'on appelle ici : « objectif »), et à 60% du PIB le maximum de la dette. Ces chiffres, calculés et discutés à Bruxelles et entre états membres de l'Union, ne cessent d'être complexifiés, pour mieux les contourner. On s'arrange, au prix de remontrances. Ainsi, la France s'engage régulièrement sur des objectifs qu'elle ne tient pas et négocie ensuite une autre trajectoire. Critiquée à Bruxelles, elle se fait plaindre à Paris, ce qui alimente les divers populismes.

Et si la France se donnait un plafond de la dette publique ! Elle prendra bien sûr celui, officiel, de Maastricht. Elle se demandera comment rejoindre l'objectif de 60%. Il lui faudra réduire les dépenses publiques et exporter plus. Or, depuis 2000, l'Allemagne a augmenté la part de ses exportations de biens et services dans celles de la zone euro de 26,5% à 29,2%, tandis que celle de la France est passée de 17,0% à 12,9%. Or, entre 2000 et 2017, les coûts salariaux horaires dans le secteur marchand ont progressé de 51,9% en France, et de 35% en Allemagne. Le plafond de la dette publique communique en fait avec celui des coûts salariaux (trop hauts) et des formations (trop basses), des compétitivités coût et hors-coût ! Pas d'amélioration vraie sans dépense publique plus efficace, sans modération salariale et sans plus de formation – pendant des années.

Mais le compte n'y est pas encore ! La dette des retraites des fonctionnaires (plus Poste et SNCF) n'est pas ou pas entièrement provisionnée (2000 milliards), plus 1000 milliards de garanties diverses, sans compter les Fessenheim et autres… Le hors-bilan atteint 4030 milliards mi-2016, presque le double de la dette publique « suivie » (2150 milliards) !

Alors oui, il faut un plafond voté de la dette publique France, en reprenant les calculs de Maastricht. Et il en faut un autre, de la Cour des Comptes, sur la dette cachée. On peut rire des mélodrames américains, mais les nôtres sont dissimulés et cautionnés par la BCE et l'Allemagne. Pas plus glorieux. Lumière s'il vous plait, ou *shutdown* !

28 janvier 2018

50. 1,4% D'INFLATION SEULEMENT : LA BANQUE CENTRALE EUROPÉENNE DOIT-ELLE S'OBSTINER ?

Non, elle doit cesser d'acheter des bons du trésor vers la fin 2018, même si les 2% d'inflation ne sont pas encore là. La Banque Centrale Européenne a fait tout ce qu'elle pouvait faire. La zone euro est désormais en expansion. Mais elle est plus divisée que jamais pour réagir, face à la concurrence mondiale et, surtout, à la révolution technologique en cours.

1,4% d'inflation : le chiffre vient de sortir pour décembre, après 1,5% en novembre. Nous étions prévenus de cette modération, comme nous savons que la hausse du prix du pétrole va faire monter les prix, sauf que la hausse de l'euro (à 1,22 $) peut peser sur la croissance et les prix. Certes, ce résultat prouve que nous sommes sortis du risque déflationniste de 2014-2016. Mais une sorte de plafond de verre semble empêcher d'aller vers les 2%

recherchés, « en moyenne dans la zone et de manière durable », pour reprendre les mots de Mario Draghi. Le pire n'est plus là, mais l'objectif semble s'éloigner !

Cet inatteignable 2% d'inflation peut s'expliquer par le poids du chômage, à 8,7% dans la zone, même s'il baisse lentement. Ainsi, l'Italie a 0,9% d'inflation pour 11% de taux de chômage, l'Espagne 1,1% d'inflation avec un taux de chômage de 16,4% et la France 1,2% d'inflation pour 9,7% de chômage. De grandes économies de la zone euro « naviguent » ainsi, avec 1% d'inflation et 10% de taux de chômage, à 1,5% de croissance (grâce à la reprise en France). Faut-il attendre que leur croissance double, pour que le taux de chômage baisse et que l'inflation reparte ?

« Soyons sérieux, dit l'Allemagne, regardez-moi : j'ai 2,8% de croissance, un taux de chômage de 3,6% et 1,7% d'inflation, en plein emploi ! ». « Mais c'est parce que vous épargnez trop. Vous êtes en excédent budgétaire (1,2% du PIB) et extérieur (8,3% du PIB) excessifs ! », disent les autres. « Augmentez les salaires de l'industrie, IG Metall veut 6%, et importez plus des voisins ! ». « On pense au futur », répond l'Allemagne.

Mario Draghi est embêté : aucun pays n'a 2% d'inflation et, entre 1 et 1,7% d'inflation, les taux de chômage « moyens » vont de 11 à 3,6% ! La baisse du chômage ne fait plus monter les salaires et les prix : la Chine et les robots sont à l'œuvre ! La loi implicite de la BCE : « plus de crédit moins cher fait plus d'investissement, donc plus de croissance et plus d'emploi, et ce plus d'emploi fait plus de salaire et plus d'inflation » ne jouerait plus ? Alors : continuer ? Les dernières enquêtes auprès des PME en zone euro montrent que leur rentabilité monte et que les banques sont plus désireuses de leur faire crédit, et les marchés plus accueillants. Alors : faire encore pression à la baisse des taux des crédits bancaires quand les taux longs à dix ans se mettent à remonter ? Alors : vouloir que les crédits internes accélèrent vers 3% l'an, quand les actifs les plus liquides augmentent de plus de 9% ? Alors : alimenter la trappe à liquidité des inquiets d'un côté, et pousser, d'un autre, des ménages ou des entreprises fragiles ou aventureux au surendettement ?

Si le *quantitative easing* (l'achat de bons du trésor par la banque centrale) ne donne plus les résultats attendus, faut-il maintenir les doses ou les arrêter, et demander à chaque malade de se prendre en main ? En effet, répéter qu'il faut soutenir la demande interne par la hausse des salaires, message destiné à l'Allemagne, peut être repris ailleurs, par exemple en France ! On nous dira ici (comme toujours) que c'est l'insuffisance de la demande qui est en cause, donc qu'il faut augmenter les salaires, en commençant par un « coup de pouce au SMIC » – mais nous sommes en plein déficit extérieur !

La zone euro se divise entre pays en croissance (en plein ou quasi-plein emploi), comme l'Allemagne bien sûr, mais aussi Pays-Bas, Belgique ou Irlande et les autres, avec des taux de chômage autour de 10% (jusqu'à 20% en Grèce !). Mais, continuer une politique de taux bas pour faire baisser le taux de chômage des grands pays : France (9,2%), Italie (11%) ou Espagne (16,7%) ne réduira pas les freins spécifiques à chacun. C'est renforcer le tissu des ETI (Entreprises de Taille Intermédiaire) pour la France, résoudre le problème des crédits non performants en Italie (13% du total !) et guérir les séquelles de la bulle immobilière en Espagne qu'il faut. Mario Draghi a évité le pire et fait repartir le groupe de malades. Maintenant, c'est à chacun de se guérir.

21 janvier 2018

51. FAUT-IL LAISSER MONTER LA DETTE DES GRANDES ENTREPRISES FRANÇAISES ?

Non, il faut l'encadrer, disent la Banque de France et Bercy. Oui, il faut laisser faire, dit le secteur privé. Soyons sérieux, dit l'Insee, serein : c'est plus d'un rattrapage et d'une compensation de marges insuffisantes qu'il s'agit. Il faut faire attention quand viendront les hausses de taux d'intérêt, sans plus. Les enjeux de ces analyses opposées sont majeurs, dans un contexte mondial toujours plus concurrentiel.

C'est grave, cette montée de la dette des grands groupes, dit le Haut Conseil de Stabilité Financière (auprès du Ministre des Finances) dans son rapport du 15 décembre 2017. Les grandes entreprises s'endettent trop vite en France. Alors : « le HCSF envisage l'adoption d'une mesure permettant de limiter les expositions des banques systémiques sur les grandes entreprises résidentes les plus endettées, à un niveau de 5% de leurs fonds propres dans un premier temps ».

Ce n'est pas grave, dit l'Insee dans sa note de décembre. De manière moins diplomatique que l'Institut, on peut traduire son analyse en disant que cette hausse de la dette montre que les grandes entreprises françaises profitent des taux bas pour compenser leur retard de profitabilité. Elles s'endettent pour investir plus et financer ainsi davantage leurs filiales hors France, tout en gardant quand même des lignes de liquidité. Et cela leur coûte bien moins cher que cela ne leur rapporte. C'est du *carry-trade*, stratégique et prudent. Ce passif coûte entre 2 et 4% aux grands groupes, pour des taux reçus entre 12 et 16%, si on lit bien l'étude (page 32) !

C'est astucieux, dit sans ambages le rapport Redbridge, publié en novembre 2016. « À fin 2015, les principaux groupes cotés français affichaient un bilan et une liquidité renforcés. Les 98 *corporates* du SBF 120 ont continué de lever de la dette, sans pour autant employer les fonds… La dette brute des 98 *corporates* de l'indice SBF 120 (hors valeurs financières et foncières) a encore progressé (+6,1% ou 34 milliards d'euros) à 589 milliards d'euros à fin 2015. La majeure partie de la dette nouvellement levée n'a toutefois pas été employée, comme en témoigne la hausse de 21 milliards d'euros des encours de trésorerie et équivalents de trésorerie (+9,3%), à 246 milliards d'euros. Les directions financières des grands groupes disposent désormais d'une puissance de feu conséquente ».

Pourquoi donc cet écart d'analyses ? C'est vrai que l'endettement des entreprises par rapport au PIB augmente depuis 2005, à 70% désormais. C'est vrai aussi que cette hausse contraste avec ce qui se passe dans les grands pays européens. C'est la hausse des crédits bancaires français (+1,1%) qui, seule, en contrebalance la baisse dans le reste de la zone euro (-0,5%), pour arriver à +0,6% ! Il est vrai enfin que les crédits aux grandes entreprises ont augmenté de 200 milliards depuis fin 2010, contre 100 pour les ETI et une quasi-stabilisation pour les PME. Dit autrement, les grandes entreprises contribuent largement à cette hausse de l'endettement, avec un ratio dette / capitaux propres qui a beaucoup monté récemment, alors qu'il baissait pour les autres entreprises. Cet endettement a financé des acquisitions et des investissements en France et à l'étranger, ces acquisitions se faisant beaucoup par dette. Il « est aussi allé de pair avec une augmentation de la détention de trésorerie, de sorte que la croissance de l'endettement net de trésorerie reste contenue. Cependant, les entreprises les plus endettées contribuent de manière significative à l'accroissement de la dette nette », note le Haut Conseil.

Au fond, l'inquiétude des experts publics vient des grandes entreprises françaises qui achètent à crédit des entreprises hors de France, avec des *goodwills* importants (différence entre le prix d'achat et la valeur comptable), sensibles donc à la croissance et aux taux, et sans garder assez de trésorerie, alors que leurs concurrentes en zone euro se désendettent. Elles s'exposent donc à la remontée des taux d'intérêt. Et rien ne dit que les liquidités qu'elles détiennent ne pourraient les aider en cas de difficultés.

Mais est-ce une raison pour les brider toutes ? Attention à ne pas faire perdre aux plus sages l'avantage des taux bas actuels et à ne pas inquiéter les ETI, qui doivent investir et s'endetter, quand l'expansion est là. Surtout, n'oublions pas la raison de tout cela : si les entreprises gagnaient plus, elles s'endetteraient moins.

14 janvier 2018

52. 2018 : LA GRANDE BATAILLE DES DEUX CÔTÉS DE LA FORCE

2018 marquera l'affrontement entre les côtés obscur et lumineux de la force, en se demandant si le lumineux résistera ou si, là aussi, « il est temps pour les Jedi de disparaître ».

Kim Jong-un (qui veut attaquer les Etats-Unis), Trump (qui veut remonter le temps), Xi Jinping (qui veut attacher l'Europe à la Chine par des cordes, mais de soie), MBS (Mohammed ben Salmane Al Saoud, le numéro deux du Royaume saoudien qui veut tout changer en quelques années dans son pays et dans la région, contre les conservateurs et les Iraniens), Carles Puigdemont (qui veut lier Catalogne, Corse, Bretagne, Pays Basque et Ecosse à ce qui restera de la zone euro)... sans oublier Berlusconi (qui veut revenir à la Lire), ni Vladimir Poutine ou Recep Erdogan... le paysage mondial fait penser au dernier *Star Wars*. Une petite poignée de

Démocrates, rescapés et censés, portés par le bon côté de la Force, se prépare à partir au combat contre les puissances et les technologies de l'oppression, soutenues par le mauvais côté de la Force.

2018 sera l'année de ce combat, sous différents… masques.

Bataille avec le Bitcoin, incarnation de l'excès ou tentative de créer une « monnaie » sans état, oppressif comme au Venezuela (et ailleurs) ou mal géré (comme dans nombre d'endroits), sa cotation en temps réel permettra de parler quand il n'y a rien à dire.

Bataille des monnaies « normales », avec deux ou trois hausses de taux d'intérêt aux Etats-Unis contre aucune en zone euro, ce qui donnera (normalement) un dollar fort, sauf si les marchés financiers s'inquiètent de la gestion de la Maison Blanche.

Bataille du pétrole : l'Opep (et la Russie) s'engagent à en extraire moins, jusqu'à mi-année, tandis que les Etats-Unis, avec le pétrole de schiste, en sont devenus le premier producteur mondial, un exportateur croissant, en attendant ce qu'ils trouveront en Alaska. Le prix du brut va-t-il résister à cette montée de la production mondiale, tandis que les automobiles s'électrifient ?

Bataille de la sortie du *quantitative easing* : la banque centrale des Etats-Unis va commencer à vendre ses bons du trésor, en attendant la zone euro. Les grandes économies sortent de l'hôpital, sauf le Royaume-Uni qui a d'autres soucis et le Japon qui s'y plait. Mais les taux longs vont monter, et l'on verra alors les états, les entreprises et les ménages qui se sont trop endettés, profitant des taux trop bas. Quand la marée se retire, on voit ceux qui n'ont pas de maillot. Quand elle monte, on voit ceux qui ne savent pas nager.

Bataille du Brexit : le divorce entre Union européenne et Royaume-Uni fera au moins une victime, le Royaume-Uni ne bénéficiant plus de la taille du marché unique. Sauf si le Royaume accroît les tensions au sein de l'Union et invite la Chine chez lui, auquel cas Royaume-Uni et Union perdent chacun, et la Chine gagne. En général, les divorces enrichissent les avocats. Là, ce sera aussi le partenaire du ménage à trois.

Bataille des robots contre l'emploi : ils se développent encore dans les usines mais de plus en plus dans les centres de tri, postaux et téléphoniques. Ils réduisent alors l'emploi des moyennement qualifiés, pèsent sur les salaires et l'inflation. L'emploi des très peu qualifiés résistera, mais avec des salaires faibles, contre les salaires assez élevés des quelques très qualifiés. Malheur à ceux qui se trouveront sans formation au milieu du champ de bataille.

Bataille de la zone euro : en mai 2018, le numéro deux de la BCE s'en va. Il ouvre la bataille politique des postes, en attendant mai 2019 pour la succession du Chef économiste (Peter Praet) et surtout octobre 2019, pour le départ de Mario Draghi. Ce n'est évidemment pas le plus grave des problèmes à traiter, mais c'est quand même le plus palpitant.

Bataille anti-Macron : un jour viendra où la série chanceuse d'Emmanuel Macron pourra s'interrompre. Le renversement ne viendra pas forcément d'une montée de l'inflation, du chômage, des déficits extérieur ou budgétaire, mais d'un incident monté en mousse. Si on rate le renforcement de l'Otan ou de la zone euro, on pourra surtout critiquer des dépenses trop élevées d'avion, restaurants ou hôtels. Attention à ce qui est petit, mais obscur !

7 janvier 2018

A PROPOS DE L'AUTEUR

Jean-Paul Betbeze, Professeur agrégé des Facultés de Sciences Economiques et membre du Cercle des Economistes, a été Chef économiste et Membre du Comité Exécutif du crédit Agricole et membre du Conseil d'Analyse Economique auprès du Premier ministre. Il est l'auteur de plusieurs ouvrages (dont : *Les 100 mots de l'économie*, PUF, « Que sais-je ? », 7e éd, 2019, *La guerre des mondialisations,* Economica, 2016 ou *La peur économique des Français*, Odile Jacob, 2004) et rapports officiels (dont : *Financer la R&D*, La Documentation française, 2005).